经济活动的地表空间区域分析

THE SPATIAL AND REGIONAL ANALYSIS OF ECONOMIC ACTIVITIES ON THE EARTH SURFACE

THE NEW CONSIDERATIONS OF MODERN ECONOMIC GEOGRAPHY

现代经济地理学新思考

刘 勇 著

中国发展出版社
CHINA DEVELOPMENT PRESS

图书在版编目（CIP）数据

经济活动的地表空间区域分析：现代经济地理学新思考 / 刘勇著. —北京：中国发展出版社，2023. 6

ISBN 978-7-5177-1367-8

Ⅰ. ①经… Ⅱ. ①刘… Ⅲ. ①区域经济发展—经济地理学—研究—中国 Ⅳ. ①F129.9

中国国家版本馆CIP数据核字（2023）第051042号

书　　名：经济活动的地表空间区域分析：现代经济地理学新思考
著作责任者：刘　勇
责 任 编 辑：杜　君　龚　雪
出 版 发 行：中国发展出版社
联 系 地 址：北京经济技术开发区荣华中路22号亦城财富中心1号楼8层（100176）
标 准 书 号：ISBN 978-7-5177-1367-8
经　销　者：各地新华书店
印　刷　者：北京市金木堂数码科技有限公司
开　　本：710mm × 1000mm 1/16
印　　张：13
字　　数：168千字
版　　次：2023 年 6 月第 1 版
印　　次：2023 年 6 月第 1 次印刷
定　　价：58.00元

联 系 电 话：（010）68990642　68360970
购 书 热 线：（010）68990682　68990686
网 络 订 购：http://zgfzcbs.tmall.com
网 购 电 话：（010）68990639　88333349
本 社 网 址：http://www.develpress.com
电 子 邮 件：fazhanreader@163.com

目录

导　论

经济活动的地表空间区域分析在经济学与地理学中的地位和作用

经济活动的地表空间区域分析（或称经济地理学），是指在现代市场经济条件下，将人类经济社会活动视为一种地理事物与现象（指具有地球地表地理分布和差异特点的事物与现象，包括自然和人文地理事物与现象，是相对于非地表事物和大多数数学、物理现象等非地理事物和现象而言的），分析和探讨经济活动对地表空间区域资源的“点线面”三种基本占用形态，以及由这三种基本占用形态不可或缺地有机组合与分布所形成的不同大小尺度、不同主要功能的多层次城乡区域经济体系的经济学和地理学的交叉分析之分支学科。研究目的在于有效提高稀缺宝贵的地表空间区域资源的利用效率、不断优化和提升多层次城乡区域经济体系、不断强化自然资源综合开发利用和生态环境保护水平，以实现城乡区域经济的均衡协调和可持续发展。这涉及经济活动地表空间区域分析的三大基本规律，这些规律既要遵循经济学的一般原理又要满足地表空间区域特点的基本要求：一是地表空间区域的占用规律，要符合规模经济和范围经济的基本经济学原理，也要满足空间区域的“点线面”数理分析的基本要求；[①]二是地表空间区域的“点线面”的组合规律，要符合经济学的分工合作和市

---

① 根据几何学分析的数理学原理，平面和空间几何分析的基本方法就是“点线面”分析，即任何平面和空间几何都是由无限数量的“点”构成，并由“点”运动成“线”（线由无数的“点”构成，为研究方便可划分为有限的“线段”来分析其特点），由“线”运动成“面”（同样，“面或空间区域”由无数的“点和线”构成，为研究方便必须划分出有限的空间区域，可类比“线段”的概念简称其为“空区”以便对其加以有效分析），由此形成任何事物占用空间的“点线面”三种基本形态，经济活动在地表空间区域上的占用形态也不例外地符合这一基本规律。

场一体化原理，也要具备多层次城乡区域经济体系的特点（城乡空区整体性原理）；三是地表空间区域上的经济活动和“点线面”占用形态的分布规律，要符合经济学的资源禀赋和比较优势原理，也要遵循地理学上的区位选择理论和距离成本原理。

总之，经济活动的地表空间区域分析，就是遵循现代市场经济学和现代地理学的基本原理，从起点和发生学的角度全面分析经济活动对地表空间区域（作为一种生产要素）的“点线面”基本占用形态，以及由“点线面”有机组合和分布形成的多层次城乡区域经济体系的分工差异与一体化整合、协调与可持续、均衡和调控运行，及其演化过程的内在客观规律，以不断优化经济活动在地表空间区域上形成的城乡区域体系和格局。为进一步理解经济活动的地表空间区域分析的内涵和外延，还需要对一系列有关的基本概念，如现代市场经济条件下的人类经济社会活动、地表空间区域资源占用方式、组合与分布等，作较为详细的分析与说明。

第一节　现代市场经济条件下人类经济活动的基本内涵与特点

一、经济活动的基本概念及内涵

经济活动是人类社会活动的重要组成部分，与人类的政治、社会、文化和生态等活动共同构成“五位一体”的活动体系。经济活动的定义可谓五花八门且各有各的道理，大体上看，可归纳为三个角度：一是从经济活动的原因起点看，将其定义为稀缺资源（包括各种生产要素，如土地、资本、人力、技术、管理和数据等）的有效均衡配置，这是西方现代经济学的主流看法；二是从经济活动的循环过程看，将其定义为财富的生产、交换、分配和消费不断循环发展的再生产过程，这是西方古典经济学的深刻认识；三是从目的结果看，将其定义为不断满足人们各种物质和精神需求的活动，这是马克思政治经济学的核心观点。有鉴于此，本书将经济活动定义为通过合理配置稀缺资源，有效生产和分配财富，达到满足人们需求目的的活动。

事实上，从本质上看，人类经济活动的客观过程可以作以下解释性论述和概括。人类来自自然的演化，并自带天然的无限欲望，目的是人类个体有限的生存和人类集体的长期存在的有机衔接。人类天然和无限的欲望，要依靠自然提供的各种生产要素（包括自然物、自然力、自然信息和规律等）。人类在自身边际努力下（包括劳力和智力）分工协作取得生产成果，生产成果再经过市场交换形成经济收入（包括劳动收入、要素收入、存货性收入和负债收入等），有了经济收入才能够满足一定欲望的有效需求，由此形成“欲望—生产—交换—收入—有效需求（满足一定欲望的）”的循环往复的经济活动过程。

从经济活动的组成和结构看，“三主体、两市场”的经济活动系统又称现代市场经济体系（不包括自给自足的自然经济体系）。其中，“三主体”是指用户、厂商和政府；“两市场”是指产品（包括消费品和服务品）市场和生产要素市场（见图 1）。

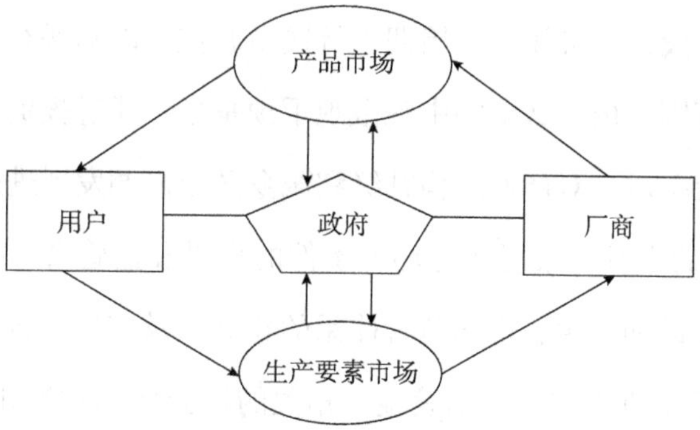

图 1 “三主体、两市场”的现代市场经济体系的模型

一是用户，即消费者。消费者的需求是经济活动的起点；满足消费者需求的是产品市场；满足消费者需求的收入来源则是生产要素市场出售的要素资源所得。

二是厂商，即生产者。生产者是消费者需求的满足者；生产者在产品市场上提供消费者所需要的各类产品，是经济活动的最核心环节，是产品价格产生的“关键的惊险一跳”，是市场竞争和出清的主要战场；生产者所需的生产要素来源于要素市场，并通过要素市场实现收入的初级分配。

三是产品市场。产品市场是消费者和生产者进行产品交易活动的场所；是经过消费者公平的出价竞争和生产者公平的售价竞争后（在一定的监督性竞争政策和保障性制度安排下），最终形成合理的市场产品价格的机制；是现代经济运行的枢纽和资源配置的引导机制。

四是生产要素市场。生产要素市场是厂商和用户进行要素交易的场所，是由产品需求和产品市场引致而产生的，因此又称引致需求和引致市场；是经过厂商公平出价竞争和用户公平售价竞争后，最终形成合理的市场要素价格或收入的机制；是现代经济运行的枢纽、要素资源配置和要素收入分配的决定机构。

五是政府。政府是市场经济运行的宏观调控、必要的中观微观干预以及市场运行环境条件的提供和监管者。宏观调控是指，通过货币金融和财政税收等手段，对市场运行周期进行逆向调控，以确保经济周期控制在一定的合理范围之内；必要的中观微观干预是指，通过投资、土地、竞争和就业等政策手段，对产业结构升级和城乡区域协调发展进行必要的防范“市场失灵”的干预；市场运行环境条件的提供和监管者是指，通过“营商环境”的建设和改善、市场监管体系的建立以及市场运行必要条件（货币制度、市场竞争规则、基础设施、相关的社会保障政策和法治环境等）的提供，来保障市场经济的正常永续运行。

总之，上述“三主体、两市场”的现代市场经济体系，是现代经济运行分析的标准模型，也是本书后文对经济活动进行空间区域分析的理论基础。

二、人类经济活动的基本特点

（一）经济活动是个人主义和集体主义的某种结合

首先，人类是群居动物（表现在生产和生活的方方面面），经济活动是一种集体性的社会活动。人类单个个体的能力是有限的，难以满足其自身的各类需求，必须联合起来形成某种社会组织，才能获得和生产出满足其需求的各类产品和财富。其次，人类自身的繁衍生产，更需要组成最基本的社会组织，即家庭，才能得以有效进行。最后，人类又具有个人独立生活的特点，各社会组织也有其一定的独特性，社会活动、交往和交换才得以进行。因此，人类社会只有将集体主义和个人主义有机结合在一起，才能形成某种稳定的社会制度和结构。

人类集体是由人的个体组成的，人作为个体，一方面其自身繁衍需要集体，另一方面，更主要的是，由于个体在自然面前的能力十分有限，要获得赖以生存的各类收入和产品，更加需要集体。因此，人类集体和个体的关系是相互依存的。

经济活动的个人主义和集体主义的某种结合，决定了经济活动体系的基本性质和类型。

第一种是资本主义市场经济性质和类型，资产阶级革命后逐步创立。其特点是：生产资料的私人所有制和公司资产的股份制，政府共有资产依法获取；用户的收入分配主要由要素市场决定，政府和民间实行二次和三次分配调节，主要用于社保体系，由于政府和社会对收入的调节力度有限，容易导致贫富差距过大；建立了完善成熟的市场经济运行体系，资源配置效率主要取决于市场竞争的公平性和价格体系的合理性。

第二种是传统的计划经济体制，“十月革命”后由苏联逐步创立。其特点是：生产资料公有制，包括国有和集体所有，生产资料配置和生产的目标及过程由国家总体计划安排；收入按职务级别大小进行分配，难以调动人们的积极性，由于产品短缺和市场封闭，而不得不实行多种多样的票证制度；存在形式上的产品市场，价格由国家计划规定，并不完全真实地反映价值规律，也难以起到引导资源合理配置的作用；不存在要素市场，生产资料主要由政府无偿划拨配给。

第三种是社会主义市场经济体制，经传统的计划经济市场化改革开放后逐步形成。具特点是以公有制为主体、多种所有制并存，按劳分配为主体、多种分配方式并存。

此外，还有古老的自给自足的自然经济体系，是“资产阶级革命”和“工业革命”之前建立在传统农业和畜牧业基础上的非市场化经济体系。其特点是：以土地为主的生产资料归私人所有；土地收入主要归私人家庭所有；除少数农业生产工具需进行市场交易外，主要农产品基本自给自足。

（二）市场最终成为经济活动的中心——成熟的现代市场经济体系

人类的经济活动从自给自足的采集与渔猎方式开始，偶尔一些剩余产品用于物物交换，由此产生了最初的市场形式。

1. 形成和性质

人类的经济活动最终逐步形成了以市场为基础、以货币为手段的生产产品（服务品）和要素的交换与配置的现代经济运行体系，简称市场运行体系，并为现代两种基本经济制度，即资本主义经济制度和社会主义经济制度所共同采用。西方资本主义市场经济体系经过两百多年的发展和演变，逐步走向成熟。经过近半个世纪的市场化改革和对外开放，中国一步一步建立和形成了社会主义市场经济体制，目前正向市场经济体制更加完善和成熟的阶段迈进。

符合国际标准的现代成熟市场经济体制主要有如下四个性质。

——市场经济是法治经济，包括经济类型（即基本经济制度）的法治化和市场经济全过程的法治化。前者是指各种类型的经济体系及其基本经济制度都有宪法和法律的规定性，主要包括所有制、分配制和经济运行机制。在所有制上，公有制和私有制的比例或重视程度成为社会主义经济制度和资本主义经济制度的区别所在；在分配制上，是以按劳分配为主还是以按劳动要素分配为主，也在一定程度上区分了社会主义和资本主义经济制度；在经济运行机制上，两种经济类型的区别不大，只是政府调控功能和作用的大小有所不同。后者是指市场经济活动的全过程，都需要制定严格而全面的法律法规，以确保经济活动的依法顺利进行，主要包括市场准入、市场竞争和市场退出三个环节。在市场准入上，西方资本主义国家实行“自由企业制度”，即任何人为任何目的可以办任何企业，前提是符合法律规定。中国实行的是对民间企业和资本的“负面清单”制度，即“非禁即入”，除清单规定的禁入产业和行业外，民间企业和资本都可以自由进入。在市场竞争上，资本主义和社会主义两种现代经济制度基本一致，都强调公平竞争并形成合理价格，都反对垄断；只是社会主义市场经济在走向成熟的过程中，还需要逐步消除公平竞争的体制性障碍。至于市场退出机制和法治化，资本主义市场经济制度比较完善，中国社会主义市场经济体制由于形成时间还比较短暂，在这方面尚需进一步探索和加强。

从法治体制角度本身来看，法治经济体制包括经济立法、经济行政、经济司法和经济监督四个方面，这几个方面都需要进一步加强。经济法制体系对整个经济活动的运行作出了制度性安排，即社会立法性的和惯例性的一切经济财产的所属和支配关系安排，包括财富的生产消费循环过程中稀缺资源、需求结构和供给结构的制度性安排等。

——市场经济是信用经济。现代经济本质上就是建立在信用基础上的经济，包括国家信用货币制度以及政府信用体系、厂商企业信用体系和用户消费者信用体系等信用主体。国家信用货币制度是指现代国家货币都是信用货币，国家为发行的本身无价值的纸币（或记账货币或未来的数字货币）提供信用担保（美国联邦储备银行可能是个例外）。政府信用体系的职责主要有确保信用货币的稳定调控（通胀与利率），政府信用监督、征信机构和信用评级机构的建立和运行等。厂商企业信用体系，包括契约合同制、全社会信用征信体系、“双随机、一公开”监管、食品药品安全监管体系等。用户消费者信用体系包括征信体系和失信处罚制度等。

——市场经济是竞争经济。包括国内、国际两个市场，以及产品（服务）与生产要素两类市场。从国内市场看，国内产品（服务）市场竞争和价格形成的基本过程是，用户之间要价竞争，厂商之间出价竞争，供需双方通过撮合机制，交叉匹配决定产品和服务的市场价格，这个市场价格将起到引导资源配置的作用；要素市场体系与价格形成的基本过程是，厂商之间出价竞争，用户之间要价竞争，也是供需双方通过撮合机制，交叉匹配决定生产要素的市场价格，这个要素市场价格决定了要素配置格局。然而，上述理想的市场公平竞争过程，常常会被垄断和体制性障碍打断，因此，为保障市场经济的公平性，就需要消除垄断和体制性障碍。其中，垄断包括经济垄断和自然垄断，主要靠制定和执行反垄断法来消除和打破；而体制性障碍，主要是传统的计划经济体制遗留问题，消除和打破这些体制性障碍主要靠推进要素价格市场化改革。

从国际开放市场大循环角度来看，我们还要考虑国内外市场一体化的制度安排。就中国对外开放和构建国内外市场一体化战略而言，目前主要内容包括：以“一带一路”建设为重点，构建对外开放新格局；加快自由贸易试验区、自由贸易港等对外开放高地建设①；健全高水平开放政策保障机制；积极参与全球经济治理体系变革；等等。

——市场经济是调控经济。经济活动往往会出现各种市场失灵和政府失灵的现象，需要政府和社会对经济活动进行必要的调控。提高经济调控水平还要求不断提升国家治理能力，正确处理好政府与市场的关系。经济调控包括宏观调控、中观微观干预，以及营商环境和配套条件的提供三个方面。

宏观调控，是指政府作为经济活动的参与者，对整个市场经济运行周期循环的有预期目的的调控和干预。其目标包括促就业、稳增长、平通胀和均进出（国际收支）。好的宏观调控要求不断增强宏观调控前瞻性、针对性、协同性。其手段主要包括：规划——发展规划为导向，以财政政策、货币政策和就业优先政策为手段，投资、消费、产业、区域（指城镇建设用地指标）等政策协同的宏观调控制度体系（制定相关法律法规）；财税——加快建立现代财税制度，完善预算制度，健全政府举债融资制度，改革直接税制度，完善地方融资平台建设等；货币——建立现代化货币制度和完善货币政策，逐步向价格型调控转变，强化系统性金融风险，加强金融消费者保护，加快人民币国际化步伐等。

中观微观干预，是指政府对经济活动的结构、布局、技术进步和企业活动等方面的政策调控。主要内容包括三点。一是完善国家重大发展战略和中长期经济社会发展规划制度。实施就业优先政策，增强消费对经济发展的基础性作用，发挥投资对优化供给结构的关键性作用，健全国家储备

① 包括：构建境内关外体系；货物贸易低或零关税；资金可自由兑换；人员（包括船只）来去、就业和生活自由；等等。

体系，完善基础数据库建设，提高经济监测预测预警能力。二是强化科技创新制度和组织体系建设。搞好新一轮国家中长期科技发展规划，建立有效解决“卡脖子”问题的新型体制，不断提升技术创新能力。三是制定好产业政策和区域政策体系。政府进行中观微观干预的手段包括规模政策、结构政策、组织政策、布局政策、投资政策、土地政策、开发政策和协调政策等；要统一和协调好这些政策之间的配套和合作，以发挥其最大综合效用。

营商环境和配套条件的提供，是指政府作为市场经济活动的参与者，为市场组织和提供必要社会公共产品的活动，这直接涉及国家治理体系和能力建设。具体内容包括：一是加强营商环境建设，进一步深化“放管服”改革，如进行全国一体化政务服务平台建设，进行市场化、法治化、国际化营商环境建设等。二是进行有效的市场监管，如建立并完善重要产品信息化追溯体系、建立打击假冒伪劣商品长效机制、大力发展“互联网+”流通、保护消费者权益；明确监督责任，各类监督协同发力；健全冤错案件防范和纠正机制等。三是完善收入分配制度。初次收入分配由市场决定，政府主要调节二次分配，社会则主要调节三次分配。目前，我国收入分配领域的问题还比较多，亟须构建有效解决体系。四是完善覆盖全民的社会保障体系，如尽快实现养老保险全国统筹；国有资本充实社保基金；完善统一的城乡居民医保和大病保险制度；建立租购并举的住房制度；等等。五是健全公共教育体系和国家公共卫生应急管理体系。六是提供完备的各类公共基础设施，如交通网络体系、给排水体系、能源电力体系、邮政通信体系和公共安全防灾体系等。七是国防外交和法治体系等方面，此处不作展开。

2. 成熟市场经济体制的功能和作用

众所周知，现代市场经济运行机制，不同于传统的计划经济体系，也不同于自给自足的自然经济，是指以货币为手段，以交换价格为中介的交换活动，其运行机制可以概括为“一个核心功能和两个基本作用”。

一个核心功能。指市场对资源配置的基础性和决定性功能。市场的竞争和价格的形成决定着要素资源在产业、地区和企业之间的有效配置，以及产品和服务在各类消费者之间的有效均衡分配。其功能：一是鼓励创新、优胜劣汰，优化资源配置效率（要有合同制、信用制、仲裁制和诉讼制保障）；二是资源配置、成果分配，做到物尽其用（产权制度与分配制度）。

两个基本作用。一是指市场需求侧不断促进空间市场一体化。市场一体化，有助于产业区域协调一致发展。需求侧的市场一体化体系（也是分工后对需求侧整合的要求），包括城乡区域市场交换体系的建设，如城乡之间、区域之间一体化空间市场的建立等。二是指市场供给侧不断深化分工协作关系。分工协作指企业间的分工协作，以及市场与政府的分工协作。

市场经济最终形成供给侧的分工协作体系和需求侧的市场一体化体系。供给侧的分工协作体系包括劳动力分工体系、产业分工体系和城乡区域分工体系（个人能力有限，生产与生活都需要分工协作）；分工之后供给侧内部整合，包括产业和企业协作关系的建立。

3. 经济活动的循环性和周期性、发展性和技术进步性

经济活动的循环性和周期性，指人类利用生产要素进行的财富生产、交换和消费过程是不断循环的，并呈周期性波动变化。循环性一般包括过程循环、物质循环，但循环并不一定经济。

经济活动的发展性和技术进步性，指人类经济活动具有产品产业内容多样性、规模扩张性、质量提升性和技术积累进步性。

第二节 人类经济活动的多角度系统分析总体框架

人类经济活动的多角度系统分析总体框架包括理论分析、实证分析和时空分析等。

一、理论分析

（一）动因与经济类型分析

从动因，即经济活动的动力来源看，人们无限的需求（包括有支付能力的有效需求和一般生理心理需求）与有限的供给（包括资源、技术和制度等多方面的限制）之间的矛盾，是经济学产生的根本原因，即西方经济学中的所谓稀缺问题。就经济体制类型分析而言，包括现代市场机制，以及原始的自给自足和物物交换经济、资本主义早期自由竞争经济、传统的社会主义计划经济体制等。从经济运行过程看（主要指现代市场经济），包括生产要素的分工协作论、产品和要素市场的一体化论、经济增长发展均衡和周期循环波动论、经济市场与政府监管失灵论等。就经济思想演变史而言，包括贵重金属财富论、重商主义、劳动价值论、重农主义、边际效用价值论、市场资源配置论等。

（二）经济制度分析

任何社会活动都有其制度前提，经济制度分析包括产权制度、分配制度（特别是再分配制度）以及市场与政府之间的关系等，由此构成一个国家“三位一体”的基本经济制度。

就产权制度而言，包括私有制、公有制（国家所有制和集体所有制）等；分配制度，包括市场要素初次分配制、政府二次分配制以及社会第三次分配制；关于市场与政府之间的关系，主要看资源配置的决定机制是市场还是政府，中国采取了以市场配置起决定性作用的机制，同时也要求更好发挥有为政府的引导作用，即“双有”理论体系。

（三）经济运行机制分析

经济运行机制包括市场均衡价格的形成机制、要素资源配置机制、产品服务的市场出清机制、简单再生产和扩大再生产的循环机制，以及有效市场与有为政府的“稳中求进”的工作总基调。

（四）成果效益分析

成果效益分析包括经济活动信息统计分析、投入产出效益分析，以及经济技术进步等创新因素分析等。

二、实证分析

（一）宏观经济分析——经济发展的总量分析

经济发展的总量分析包括总需求与总供给的均衡分析、经济发展的周期论及其调控、经济增长的循环论等。

（二）中观经济分析——产业经济与空间经济分析

产业经济分析，包括农业、建筑业和工业的五大综合产业链分析，如农产品加工销售产业链、土石方建筑销售产业链、非金属矿产和制品销售产业链、金属矿产和加工制品销售产业链、无机有机化工制造业销售产业链等，公用事业产业链也要考虑到。此外，还包括服务业的四类综合性服务业集群：第一类是产品服务业，即商贸物流交通通信信息服务业；第二类是要素服务业，即金融科技教育医疗卫生服务业；第三类是生活类服务业，即食宿旅游文化娱乐服务业；第四类是社会管理类服务业，即社团政府和国际组织等服务业。

空间经济分析，包括经济活动空间区域“点线面”占用形态分析、“点线面”空间区域区位分布分析、“点线面”空间区域组合分析（聚集与分散规律）、城乡区域经济市场运行分析、城乡区域经济均衡协调和可持续发展分析，以及城乡区域经济政府有效监管和调控分析等。

（三）微观经济分析——经济发展的企业分析

经济发展的企业分析，包括企业性质与经营定位研究、企业组织管理研究、企业规划战略和文化研究、企业技术进步与创新研究、企业经济效益研究、企业发展与转型研究、企业空间区域布局与经营环境研究，以及企业政府监管和政策研究等。

三、时空分析

时空分析包括经济活动的历史演变分析、空间分布的形成与演变分析。

（一）经济活动的历史演变分析

经济活动的历史演变包括发展阶段分析和经济形态分析。从发展阶段分析，主要分以采集渔猎为主的经济时代、原始刀耕火种农业经济时代、以农业和手工业为主的经济时代、以工业革命和工业化为主的经济时代（包括机械和电子时代）、数字信息化经济时代直到现代人工智能经济时代，未来可能会走向生物智能经济时代。从经济形态分析，主要有自给自足的经济形态、原始物物交换的经济形态、早期资本主义自由竞争经济形态、计划经济形态直到现代市场经济形态等。

经济发展时代与经济发展形态结合，产生了更多更丰富的历史演变过程理论，其中之一就是经济地理发生及演变论。该理论论述经济活动在空间上逐步展开的基本顺序，如产业经济发展从渔猎开始，经过了原始农业、手工业、近现代工业，直到以服务业为主的产业形态；城乡区域则从原始人群、自然农业村落、小城镇、小中大城市、都市圈，直到城市集群等。经济地理演变论论述经济活动空间区域"点线面"占用结构和城乡区域经济布局体系的形成与演变规律分析，是经济地理学的一个重要分支。事实上，人类活动在地表空间区域上是从局部的自然条件优越、水资源充沛的沿江沿河平原流域地区的农村居民点开始的，之后随着交通和科技不断进步，经历了工业化城镇化过程，形成了现代化的城乡区域经济体系。如今，人类已进入数字信息化阶段，正在探索城乡区域经济体系的顶层设计的最终形态。

（二）经济活动的空间区域占用形态、区位分布和区域组合的形成与演变分析

经济活动在地表空间区域上占用、分布与组合形成的多层次城乡区域经济体系，就成为经济活动地表空间区域分析的基本研究对象。应该说，以完善的城乡区域经济体系为基本研究对象的学科有不少，主要包括空间经济学、经济地理学、城乡区域经济学和城乡区域经济调控政策论四大类学科。这些学科都从不同角度，对共同的研究对象进行了深入的分析和研究，形成了既有差异又有许多共同观点的学科体系。

1. 空间经济学

空间经济学主要是把地表空间区域作为资源性生产要素看待（包括区位和范围），研究经济活动占用地表空间区域的过程、形态及其原因，以

及对稀缺有限的资源性地表空间区域，如何在人类活动竞争性需求间进行有效配置和充分利用的学科。空间经济学再细分，又可分为资源性地表空间区域生产要素的供给论、资源性地表空间区域生产要素的需求论，以及人类经济活动对资源性地表空间区域的占用形态分析（而区位分布论和区域组合论则属于经济地理学分析的范畴）。资源性地表空间区域生产要素的供给论，主要研究地表空间区域作为资源性生产要素的性质（如有限性、不可移动性等），以及其在经济活动中的作用和地位，包括权属和法律关系、市场配置机制（级差地租和土地资产买卖价格）、空间区域配置效果以及政府监管责任等。人类的经济、政治、社会、文化和生态环境保护等五大活动都需要占用宝贵的地表空间区域资源，如何有效配置稀缺有限的地表空间资源，就成为空间经济学的重要研究任务之一，其核心思想就是农业、工业、城镇和交通等经济活动对空间区域需求的特点分析。这就是资源性地表空间区域生产要素的需求论的研究内容。经济活动对资源性地表空间区域的占用形态及其原因和过程分析，主要是从纯粹空间区域角度，分析经济活动占用国土空间的形态和结构。一般认为，经济活动在占用国土空间的形态表现且只表现为“点线面”三种基本形态，原因是城乡居民点的空间聚集和分散、制造业的规模和集聚效应、连接城镇之间和城镇内部建筑物之间的交通线路呈“线”状走向特征以及农田生态呈“面”状分布特征（矿点、矿山和矿城则具有随矿产资源随机分布特征）；人类空间区域开发的过程由“点线面”占用形态之间的客观关系所决定，即“点线面”具有“以线串点、以点带面”的有机组合关系和结构，并随着“点线面”本身规模和质量的提高而不断演变和升级，即不断提高其空间区域占用尺度的大小和层次。关于“点线面”自身的演变：就“点”而言，可能经历农村居民点、乡镇居民点、小城镇和县城、地级城市、省会城市、直辖市直到首都的演变过程；就“线”而言，可能经历乡村公路（土路、泥沙路）、县级公路、地市公路、省级公路和国道等的演变过程；就“面”而言，主要是指农业开发规模会随技术进步不断扩大，并变得集约化，生态保护水平和技术也会不断提高。至于空间区域占用顺序，大体上是由“点”（原始人群聚落）到“线”（沿河流平原和山谷平原开发），再由“线”到“面”（全部国土的综合开发）这样逐步发展起来的。

2. 经济地理学

经济地理学主要是从区位条件、自然资源禀赋优势和自然生态环境特点等角度出发，研究经济活动“点线面”占用形态在地表空间区域上的分布（区位和范围）与组合（聚集与分散）规律的人文地理学科。从区位分布论看，经济地理学又可细分为国土空间区域开发保护论（包括开发保护条件分析、开发保护方向与定位以及开发保护途径选择等）、产业（与企业及企业集团）空间区域分布与布局论（包括杜伦的农业区位论、韦伯的工业区位论、克里斯泰勒的城镇区位论以及交通通信线路选址论等），以及企业布局选址研究等分支学科。国土空间区域开发保护论，研究的是国土资源的分布、比较利用和优化保护问题；产业（与企业及企业集团）空间区域分布与布局论，主要分析产业空间布局的条件要求、依托对象、形态特征和集群组合关系；企业布局选址研究，主要分析企业的选址条件、最佳区位选择以及企业空间（区域）市场等。从区域组合论看，经济地理包括分层组合和分区组合两方面，根据地表空间区域无限可分性，必须划分有限的层次和区块才能加以分析：在分层上，经济活动的“点线面”占用形态分层组合，主要依据“点”状城镇居民点的规模、区位和特征及其所直接管辖的空间区域和影响的空间区域范围，按照空间区域尺度大小形成由县域、地（市）域、省区和国域的城乡区域经济体系；在分区上，则各层次空间可以分区组合为若干大体相同尺度的区块。由此，就将无限可分的地表空间区域，划分形成了有限的多层次多区块的城乡区域经济体系，这就是城乡区域经济学要研究的对象。

3. 城乡区域经济学

城乡区域经济学主要是从现代市场经济运行机制的角度，对城乡区域经济分工和空间区域市场一体化，以及城乡区域经济运行过程中的均衡市场交换价格和资源产品市场出清进行经济行为学分析的学科。一般认为，城乡区域经济运行遵循着区域分工与市场一体化、均衡市场交换价格形成和资源产品出清（包括合理的资源配置和产品无长期库存的市场状态）。就城乡区域经济分工而言，主要包括“点线面”三种基本占用形态的城乡区域分工协作，以及根据比较优势等区域性质所确定的“点”状城镇体系、“线”状交通通信线路，以及“面”状农业和生态内部的分工协作关系，还包括各层次城乡区域经济之间的分工协作关系。就空间区域市场一体化而言，主要包括为实现分工效益而形成的大、中、小各尺度的空间区域之间的空间市场一体化，尤其是大中尺度的空间区域之间的空间市场一体化（因为其产业类型和区域类型相对齐全）。就市场交换均衡价格形成和资源产品出清而言，供需双方经过各自的竞争、博弈和磨合，最终形成均衡的市场交换价格，一方面使稀缺的经济要素资源得到合理配置，另一方面也使各类产品得到市场认可并售罄，成功地完成了一次市场经济的周期循环运行（否则就会出现价格波动和资源产品难以出清现象）。

另外，也有一种观点认为任何人为任何目标可以划分任何区域（只要能自圆其说），而且进一步认为，（城乡）区域经济学是研究地表某一特定空间区域范围内（包括作为整体的全球范围），人类经济活动所有问题的经济地理学之分支学科，也是经济学和地理学综合交叉的学科。（城乡）区域经济学又可分为区域经济活动的一般经济学研究（相当于地方经济学）、区域经济活动的内部空间区域结构研究（相当于地方城乡区域经济学），以及区域内外经济关系研究等。其中，区域经济活动的一般经济学研究包括比较优势、总体战略和结构优化，以及区域经济政策研究等，相当于世界或国别宏观和中观微观经济学分析在区域经济中的应用，这也是区域经济学有时被纳入宏观和一般经济学分析的一个原因；区域经济活动的内部空间区域结构研究，包括区域经济在更高层次区域经济中的功能和地位、区域内经济产业分布、区域内分工协作和空间市场一体化、区域内部差距调控与协调论发展等；区域内外经济关系研究，包括区域内外比较优势的异同、区域内外经济合作关系、区域内外市场一体化联系等。

以上两种观点和认识并不矛盾，只是分析的角度不同，完全可以并存并相互补充，故都分别论述如上，读者可自行选择和判断。

4. 城乡区域经济调控政策论

城乡区域经济调控政策论包括行为监管、信息统计、市场失灵、政商失调和政策调控五个方面。重点是从经济活动无法在空间区域均衡、协调与可持续发展失灵和失调的角度，研究政府有效监管和调控的总体思路、内容和政策体系。就城乡区域经济均衡而言，经济活动的供需双方在空间区域的均衡体现，是空间区域市场均衡价格的形成，以及空间一体化市场上生产要素和产品（服务）的出清；然而，由于空间市场运行的失灵，可能导致均衡价格和市场出清目标难以实现，因此需要政府给予有为干预，包括中央政府为主和地方政府协助的财政、税收和金融政策的干预措施（对土地、投资和市场等的干预）。就城乡区域经济协调而言，任何城镇居民点和其所在的区域，在整个空间区域体系中区位条件、资源禀赋和分工地位是不同的，因此，在发展水平和结构上都是有差异的。一般而言，在市场经济条件下，这些差异可以通过市场的资源配置优化得到解决。但是，实践表明，城乡区域差距仅靠市场机制是很难得到彻底解决的，原因在于空间区域资源的不可移动性，其配置并不受市场的调节，另外对一些可移动的生产要素（劳动力与资本等）的配置，由于其市场配置所需时间过长而难以获得较好的效果，因此政府就成为城乡区域经济协调发展不可或缺的“看得见的手”。就城乡区域经济可持续发展而言，城乡区域经济活动与当地的自然地理和资源条件密切相关，在外部经济难以得到有效控制的条件下，这样的经济活动难免对自然生态环境和他人造成不利影响，当然也需要政府强有力的干预。总之，在城乡区域经济体系中，城乡区域经济均衡发展、城乡区域经济区际差异关系以及城乡区域与生态环境的关系，是有为政府进行干预的“三位一体”目标体系，其与上述“五位一体”的内容体系共同构成了政府干预城乡区域经济体系。

第三节　经济活动的地表空间区域分析的基本框架和主要内容

在现代市场经济条件下，经济活动的地表空间区域分析（或经济地理学）的基本理论框架和主要内容包括占用形态论、区位分布论、组合区划论、市场运行论和政府调控论五大分析，并形成“33255”的理论分析框架（即“点线面”三大占用形态、三大分布区位论、纵向分层横向分区组合区域论、五大市场运行规律以及五项政府调控论）。

一、占用形态论：人类经济活动对地表空间区域“点线面”占用形态的分析

人类经济活动对地表空间区域占用形态论，是指将地表空间区域作为一种不可或缺的生产资源要素，来分析人类经济活动对这一宝贵生产要素的最佳配置方法和利用途径的探索研究方法。从理论上看，人类经济活动对地表空间区域资源的占用行为和方式，事实上包括一切自然的、人文

的和社会的地理事物与现象对地表空间区域资源的占用，都符合这样的一般性数理分析原理。即任何平面几何占用方式，在形态上有且只有“点线面”三种基本形态要素，这是一般性数理分析遵循的共同规律。所谓“点”，可以代表一座山峰、一个入海口或一个城乡居民点等；所谓“线”，是“点”的延伸，可以代表一条山脊（或山脉）、一条河流或一条交通线路等；所谓“面”，则是“线”的扩展，可以代表一片山地、一个流域或一块农田（或草原林地）等。

就人类经济活动而言，其对地表空间区域资源的“点线面”占用形态，也基本符合一般数量分析原理对平面几何空间的“点线面”通用分析方法，完全可以直接应用这一方法和原理来分析。也就是说，人类经济活动对地表空间区域的占用形态有且只有“点线面”三种基本形态，其中：“点”是指城乡居民点体系，是人口和经济活动的主要载体，占地球表面面积很小，仅为 3% 左右，但集中了 90% 以上的人口和经济财富；“线”是指连接各“点”之间的交通连接线路，是人口和经济活动的空间区域框架，所占地表面积也很小，仅为 1% 左右，但起着不可替代的空间市场整合一体化的作用；“面”是指块状的农田和生态用地（包括一切未利用土地），是经济活动物质和能源原料的来源，所占地表面积很大，为 95% 以上。

二、区位分布论：人类经济活动在地表空间区域上的区位条件和组合规律

人类经济活动在地表空间区域上的区位分布论，是指其“点线面”三种基本占用形态在地表空间区域上的区位选择和分布规律，主要包括杜伦的农业区位论、韦伯的工业区位论以及克里斯泰勒的城镇区位论。事实上，经济活动的“点线面”三种占用形态在地表空间的分布不是杂乱无章

的，而是有条件的，即要满足一定的自然人文的区位条件；同时，它也是有规律的，呈现“以线串点、以点带面”的结构模式。经济活动“点线面”占用形态要素具体分布特点如下。

（一）“点”状的城乡区域经济在地表的区位分布

“点”状的城乡区域经济在地表上的区位分布主要呈现出大小不一的有规律的集散分布状态，构成城乡居民点体系，具体特点包括：主要分布于地球温带和亚热带地区、主要分布于平原地区并随耕地农田分布（著名城镇地理学家 R.W. 艾默生曾说，让河流随意泛滥，城镇将在其两岸形成和发展）、主要分布于河流两岸、主要分布于沿海 200 千米的范围之内、以市场影响力为依据按人口规模形成多层次以大带小的等级分布格局（这是城乡居民点体系分布最为重要的内在原因和特点）等。

（二）“线”状的综合立体交通网络

将所有城乡居民点用“线”状网络连接起来，形成城乡区域经济框架体系，其分布特点是以“线性直线三角形”[①] 为基本连接方式、按多层次城乡居民点体系构建多层次交通网络连接框架、综合立体交通网络密度与城乡居民点体系一致、城乡居民点之间的交通体系与城镇内部交通网络体系有机衔接在一起（城镇内部交通网络是将城镇建筑连接起来，主要遵循的是“四方网格状”交通线路模式）等。

（三）“面”状的农业用地和生态用地

作为自然地理空间的基本底色，农田构成人类经济活动对地表空间区

① “线性直线三角形”是本书作者提出的描述三个居民点之间最佳交通线路安排的设想。

域的最初占用方式，也是最基本的占用方式，其分布特点决定了人口和城乡居民点的分布特点：温带和亚热带、海拔1000米以下河流平原盆地丘陵地区、沿海200千米范围内等。至于草原森林和其他生态用地则随陆地分布而分布（海洋是另外的自然生态系统）。

三、组合区划论：人类经济活动在地表空间区域上的组合分区分析

人类经济活动在地表空间区域上的组合区划论，是指其“点线面”三种基本占用形态在地表空间上缺一不可的有机组合形成的县域、地市（域）、省区和国域（乃至洲域和全球域）等分层分区区域体系，即城乡区域经济体系（或经济地理空间分层分区区划体系），研究“点线面”纵向组合分层的空间尺度大小的理论依据以及横向组合分区的“以线串点、以点带面”结构方式和规律。一般认为，经济活动的“点线面”三种基本占用形态，各自本身具有等次级别的划分和不同的规模，这是其组合分层分区的客观依据。从功能分层来看，“点线面”三者缺一不可的有机结合在一起形成各类区域，并以城乡居民点影响力大小和区域空间尺度大小为依据，按照一定的分工协作和市场一体化要求，并考虑到一系列自然和人文地理要素，来划分规模、层次和功能，以组合形成既能充分发挥各地区比较优势又能有效整合各地区市场竞争力优势的城乡区域经济体系。从聚集分区来看，在不同层次的区域中，地表空间区域存在着不同的区位条件和资源禀赋条件，其经济活动的区域分工所形成的产业结构特点、规模大小、市场影响力大小也是不同的，所形成的区域经济在产业分工结构、经济总量和腹地影响力方面也是不同的，由此形成了同层次空间区域内的分工区块的划分：如县域经济内的农业县、牧业县以及制造业县等不同类型

的县域；地市（域）经济内的资源型地市、制造业地市以及商贸型地市等类型；省域经济也是如此，只是随着区域规模和层次越高，分工差异和特点越不明显（到全球域经济就无所谓分工差异了）。

另外，从空间区域数理学原理的角度看，“点线面”空间区域组合区划原因和目的主要有二：一是空间是连续的和无限可分的（包括分层和分区），只有划分为有限的具有一定的纵向分层层次和横向分区范围的分层分区区域，才能加以研究；二是区域划分可以任意为之，即可以以任何目标划分任意区域，但只有按照一定的空间现象的分布规律与理由划分的区域才有意义，一般包括地表空间数理区域划分（如经纬度等）、自然生态环境特点区域划分[①]、人文地理特点区域划分（如民族人口区划、行政区划、经济区划和文化差异区划等）。关于空间区划的尺度和体系，一般认为，从数理、自然和人文等不同角度对地表空间区域的区划，有大、中、小、微等若干尺度，各尺度区划的区域层次，反映了各层次区域区划体系的性质和特点，并共同构成完整的空间区域区划体系。

四、市场运行论：人类经济活动在地表空间区域中的市场机制运行机理和规律分析

人类经济活动在地表空间区域中形成的城乡区域经济体系，在现代化市场机制作用下，其正常运行主要包括城乡区域分工协作、空间市场一体化、均衡价格与市场出清状态的形成等。

---

① 如山地、丘陵、高原、盆地、平原等五大地形类型区，中国的三大地形台阶区等，目前自然区域经济分析已经成为热点，反映了区域经济分析的多元化和深化，也是对以往过度批判地理环境决定论的一种反思。

（一）城乡区域分工协作

事实上，经济活动的分工（包括职业分工、产业分工和区域分工）是经济活动的内在要求，并不需要更多的外部因素来解释，分工出效益、分工减轻劳动强度、分工导致技术进步等理由就足够了；当然，这里需要指出的是，如果一些外部要素能进一步帮助或有利于分工效益的实现，人们自然是不会拒绝的，同时还会有力地加以利用，以便获得分工协作带来的更大好处，其中来自不同的区位条件和资源禀赋差异的区域分工就是如此。因此，经济活动在空间区域上的分工协作往往较好地借助自然地理条件的差异，以充分发挥各空间区域的比较优势，形成较为符合自然地理生态环境和资源条件的空间区域分工协作体系。一般说来，经济活动在空间区域上的分工协作关系，主要包括“点线面”三种占用形态的分工协作关系和多层次城乡区域经济体系形成的分工协作关系。就经济活动的“点线面”占用形态的分工协作而言，主要包括“点线面”三种基本形态本身就是空间区域分工协作的结果，也是经济活动在地表空间区域中分工协作的行为特征，需要加以认真探讨和研究；另外，“点线面”各形态本身也各自遵循着内部的分工协作关系和原理，形成了有序复杂的运行体系，保证了经济活动按照现代化市场运行规律在地表空间区域中有序展开。

（二）空间市场一体化

众所周知，城乡区域分工协作将产生巨大的经济效益，然而，要实现分工带来的巨大经济效益就需要空间市场的一体化，因此分工协作与市场一体化本质上是同一个事物的两个方面。多层次城乡区域经济体系主要包括以中心城市、都市圈和城市群为中心的，按人口和建设用地面积大小形成的多层次城乡区域分工协作体系，各层次的城乡区域经济体系承担着不同的功能和职责，同时各层次城乡区域经济也是一个整体，并且都需要被整合到更高一级的空间区域层次上去，由此也就产生了空间区域一体化的要求，这也是多层次城乡区域经济体系必须承担的基本任务和功能。总之，多层次城乡区域经济体系的分工合作和空间市场一体化，就是城乡区域经济体系运行机制的两大基本内容。

（三）均衡价格与市场出清状态的形成

所谓均衡价格与市场出清状态的形成，是指在要素资源配置市场和产品服务市场上，供需双方通过自由的贸易交换，形成了空间市场一体化的均衡价格，并实现了要素市场没有失业、产品服务市场没有过度积压库存的均衡状态。对城乡区域经济而言，就是在一定的时期内实现了空间区域上的供需均衡发展。

五、政府调控论：政府对经济活动在空间区域上展开的监管与调控分析

政府对经济活动在空间区域上展开的调控主要包括监管与调控机构、监管与调控内容（程序）、监管与调控手段、监管与调控效果等。相对宏观经济、产业经济和企业微观经济运行而言，城乡区域经济正常运行的监管需求更迫切（因为城乡区域经济运行中各个环节的信息不对称现象更加明显）；同时，城乡区域经济运行中也会不可避免地出现各种失灵现象（包括政府监管和干预失灵现象），需要政府建立有力有为的调控机制，以确保城乡区域经济的均衡协调和可持续发展目标的实现。

（一）政府监管与调控的组织机构

政府监管与调控的组织机构包括中央政府和地方政府。中央政府中对

城乡区域经济进行监管与调控的组织机构，主要包括各有关部委均设有管理地方有关事务的专门司局，以及国家设立的专门的综合性管理机构，如国家发展改革委设立的地区司、地区振兴司等；地方政府对城乡区域经济的行政管理体系，主要职责是招商引资和改善投资环境等。事实上，任何国家行使国土空间主权所有的形式之一就是国家行政区划的划分，我国现行的是省、市和县三级地方行政区划体系是我国城乡区域经济行政管理体系的基础。从监管和调控职责上看，地方政府是城乡区域经济监管与调控的直接机构，负有促进地方经济发展、监督管理、提供地方经济发展环境条件、统计地方经济成效等的职责。

（二）监管与调控的目的

政府对经济活动在空间区域展开有着多方面的干预和作用，除了以上城乡区域经济均衡协调发展和可持续发展之外，主要还包括空间区域资源的所有权和使用权的法律规定（依国情和社会制度而定）、空间区域行政区划与管理体系的建立、城乡区域经济国内外周期循环的运行管理体制和律法体系，以及宏观调控在城乡区域经济体系中的执行和落实（实现城乡区域经济的均衡发展）。总之，政府对经济活动在空间区域上展开的干预与管理，总的目的在于为城乡区域经济运行提供一套完整的体制机制，并有效促进城乡区域经济的均衡和有增长的发展，这需要政府从宏观、中观和微观进行有效干预与有为管理。这在学理上属于区域政策研究范畴。

从空间区域资源的所有权和使用权的法律规定（依国情和社会制度而定）来看，各国的国土空间资源在主权上都属于国家所有（表现为政府可以对其征收各种税收），中国也不例外。除此之外，在中国，由于特殊的国情，土地所有权和使用权是分开的，土地的所有权包括国家所有和集体所有两种基本形式，而土地使用权可以为政府和社会各类主体（包括企业法人、个人、团体等）支配使用。

从经济宏观调控在城乡区域经济体系中的执行和落实来看，城乡区域经济从选址、布局、分工协作、市场一体化、差距调控、与生态环境的关系等都存在着市场失灵现象，因此，相对经济的产业发展而言，城乡区域经济更需要政府的有力干预。政府对差距调控和可持续发展的干预已见前述，这里着重谈谈政府对城乡区域经济的宏观调控干预。一是城乡区域经济宏观调控是整个国民经济宏观调控的重要组成部分，许多经济衰退都是从局部地区开始的，如2008年的国际金融危机就是从美国纽约雷曼兄弟银行倒闭开始的。二是城乡区域经济宏观调控的目的是降低城乡区域经济增长的波动幅度，确保城乡区域经济均衡发展（与缩小城乡区域经济水平差距的协调发展目的有所不同），以保证城乡区域经济不会发生影响全局的系统性风险。三是城乡区域经济均衡发展将有利于整个国民经济的均衡发展，特别是对幅员辽阔的中国而言，应该充分利用这一巨大的市场潜在优势。

（三）监管与调控的程序、手段

监管与调控的程序包括企业的整个生命周期。从城乡区域经济国内外周期循环的运行管理体制和律法体系来看，包括城乡区域经济主体的设立、运行和退出的完整生命周期链。从企业准入选址看，包括企业准入管理、企业选址管理和企业工商行政管理等；从运行看，包括企业外部经营和内部管理，如生产要素的获取、原材料外购、生产过程管理、产品宣传广告与销售等；从破产退出的制度安排看，主要包括债权的确认、职工重新安置、债务偿还安排、破产保护政策落实等。

监管与调控的手段包括财政、税收、金融、统计以及直接的行政干预等。

（四）监管与调控效果

从城乡区域经济实现均衡协调和可持续发展的目标看，效果包括：城乡区域经济增长格局的均衡，即经济相对落后地区增速相对较快、经济相对发达地区增速相对较慢的聚焦性均衡增长；城乡区域人均 GDP 水平格局的协调，即城乡收入差距和区域差距呈现出从相对差距缩小到绝对差距也缩小，并控制在社会经济可以承受的范围之内（各国根据具体的国情都制定了各自的阶段性的城乡、区域和行业收入相对差距和绝对差距控制目标）；城乡区域经济可持续发展目标，包括生态保护和改善目标、环境污染控制目标以及气候变化与自然灾害防控目标等，一般都是用实际观察值与目标值对比分析监管与调控效果。

参考文献

[1] 洪志娟 . 威客活动水平的区域空间统计分析——从人力资本视角看区域经济发展失衡 [J]. 技术经济，2017，36（08）：85-91+100.

[2] 李健 . 创新时代的新经济空间 [M]. 上海社会科学院出版社，2016（06）：193.

[3] 王卫 . 城市交通与城市经济发展 [M]. 东南大学出版社，2016（03）：192.

[4] 周毅 . 中国西部脆弱生态环境与可持续发展研究 [M]. 新华出版社，2015（11）：313.

[5] 洪世键，张京祥 . 城市蔓延机理与治理 [M]. 东南大学出版社，2012（09）：225.

[6] 曾国平，罗航艳，曹跃群 . 中国农业经济增长的空间分布及相关性——基于 31 个省区 1985—2008 年的面板数据分析 [J]. 湖南农业大学学报（社会科学版），2010，11（05）.

[7] 郝大江 . 区域经济增长的文化向度回归——基于"非均质文化"假设的空间建模分析 [J]. 财经研究，2010，36（08）：26-35.

[8] 涂淑丽，陈斐 . 区域经济分析中的 GIS[J]. 中国物流与采购，2005（22）：60-62.

[9] 涂淑丽，陈斐 .GIS 在区域经济分析中的应用 [J]. 理论导报，2005（11）：26-27.

[10] 刘承良，朱俊林，徐亮 . 我国物流产业基本经济活动空间格局分析 [J]. 资源开发与市场，2004（03）：170-172.

[11] 保建云 . 区域经济运行中资源地域空间配置研究——一个数理经济学的理论分析框架 [J]. 哈尔滨工业大学学报（社会科学版），2002（01）：62-66.

[12] 陈田 . 我国城市经济影响区域系统的初步分析 [J]. 地理学报，1987（04）：308-318.

第一章

经济活动的空间区域占用形态及其分布规律

——“点线面”的空间区域占用形态及其分布论*

一切人类经济社会活动都要落实在地表空间区域上，其具体的占用行为有且只有符合数理分析原理的“点线面”三种基本形态，而且这三种基本占用形态各自遵循着不同的区位分布论原理，在空间区域上分别形成了“点”状的城乡居民点体系（居民点区位分布论）、“线”状的空间立体交通网络体系（交通线路区位分布论）、“面”状的农矿业和生态用地分布体系（包括农业区位分布论、矿业资源与技术分布决定论以及自然生态分布论）。本章的基本内容就是深入分析和论述经济活动占用空间区域的基本形态，并全面分析各形态在空间区域上的分布规律。

第一节　经济活动对地表空间区域资源占用形态与分布

从理论上讲，在数理分析中任何平面空间都可以而且只能分解为“点线面”三种基本形态要素（如果是立体空间还可以加上一个“体”，地球表面地上空间和地下空间可以用“体”来分析，为简便起见，这里暂不考虑地上和地下空间，除特别之处外），人类经济活动在地表空间的占用行为和方式分析，与这一数理分析中基本分析方法一般原理高度契合，给相

---

* 本章由作者与北京信息科技大学李仙教授合著。

关分析带来了极大的便利；而且，经济活动在空间区域上的分布规律（包括区位条件要求和区域组合规律），也需要以“点线面”三种形态要素分析作为基础。

事实上，经济活动的地表空间区域资源占用行为和分布，可从需求侧和供给侧两方面，及其供需相互作用的角度来分析。从需求侧看，经济活动本身具有以下诸多特点：人类居住生活具有群居性（包括各类城乡居民点或人类聚落）、农业生产在块状的耕地草原林地水面上展开、矿业呈点状分散分布、制造业集中分布并与居民点结合、生态土地连片分布，以及连接各城乡居民点的交通线路现状分布（城镇内部交通线路主要是建筑物之间的连接，多为网格状分布）等。从供给侧看，国土空间区域提供了平原、盆地、丘陵、山地和高原等五大地形地貌土地资源，可以满足人类活动对各类国土空间区域资源的要求。

从需求侧和供给侧相互适应相互结合来看，各类经济活动对地表空间区域占用与分布的要求也各有不同。例如，人类居住生活用地、制造业生产用地和商贸用地等主要是聚集和组合在一起布局，形成“点”状的结构和功能复杂的城乡居民点体系，这类占用被称为城乡建设用地，大约占全球陆地地表空间的 3%，是地表空间区域最集约的利用形式，其在地表空间适宜的分布区域为温带和亚热带、海拔 1000 米以下的平原丘陵盆地以及沿海 200 千米内的地区。而交通线路（包括不占地表空间区域的航空线路和城乡居民点内部的连接各建筑物之间的交通道路）、通信网络（无线电信号有空间全覆盖特点，但其传播仍然是点对点的线性传播）和管道运输等，对地表空间区域占用均为“线”状结构和形式，其占用的地表空间区域面积仅为 0.5% 左右，其分布特点为地表陆地和海洋空间上的任何人类可以活动的地区，但主要分布地区则与城乡居民点分布基本一致。至于农业用地（矿业用地比较特殊，为“点”状分散式用地，可在任何地表空间区域中出现）和生态用地均为“面”状地表空间区域，农业用地的分布（一定程度上的矿业用地）决定着城乡居民点用地的分布，两者几乎紧密分布在一起，主要分布空间也是一致的，而生态用地包括未利用土地，分布在所有陆地地表空间区域中（也包括部分海洋空间）。

由此，人类经济活动占用地表空间区域就形成了“点线面”结构体系，并且这个“点线面”空间结构还随着人类经济活动的演变和发展而不断变化升级和优化。人类经济发展经历了原始的渔猎时期、农业革命时期（包括原始农业、机械化农业和信息化农业三个阶段）、工业革命时期（包括机械化、电气化和电子化三个阶段）和现在的信息化时期（包括语言文字化、印刷书籍化、电子数字信息化）的演变和发展，其占用地表空间区域的“点线面”结构与分布也随之发生着演变和发展，并将最终形成符合现代市场经济所要求的顶层设计模式，该模式具体内容后文将论述。此外，经济活动的“点线面”占用空间区域的分布和分工特点也不同，也将在以下各小节中具体论述。

第二节 “点”状占用行为与分布
——城乡居民点体系

经济活动中的城乡居民生活用地、生产领域中的制造业用地和商贸用地都以各种组合方式，分布于地表空间区域上，这就是“点”状的城乡居民点体系。以下从起源和成因、规模结构体系和区域空间分布格局、分工合作和空间市场一体化、顶层设计与发展运行等方面，对“点”状城乡居民点体系进行全面分析。

一、起源和成因

人类是群居动物，自古以集体的群居形式生活。在最早的渔猎时代，人类主要以群落形式居住在洞穴里和森林中，形成最早的原始人群聚落（与今日常见的一些动物群落一样）。早期人类为生存所进行的长途迁徙，也是以集群方式进行的。人类从非洲南部开始逐步向北非、欧亚大陆、印度次大陆、澳洲、北美大陆等地迁徙。这种漫长的时空迁徙活动，足以使人类社会形成众多的且相互封闭独立的古老文明体系。

（一）起源探索

进入原始农业文明时期，人类开始驯化动物和植物，从事“刀耕火种”，开始走出森林，在原始农地周边靠近河湖的平地搭建定居建筑，原始人群定居聚落居民点由此产生。随着农业技术、掘井技术和建筑技术的不断进步，人类农村聚落居民点规模越来越大，分布空间区域越来越广，并产生了农耕时代人类文明的顶峰——著名的四大文明古国。在这些文明古国中都产生了具有辉煌成就的古代大都市，如埃及孟菲斯和开罗、两河流域的埃利都和乌尔、中国的西安和洛阳、古印度的摩亨佐·达罗和哈拉帕、古希腊的雅典和斯巴达及意大利的古罗马等，这些古代大都市的人口有的可达数万人或数十万人；这些都市和城镇也都产生于土地肥沃、平坦易耕作的河流大平原（或盆地和低平高原）上，这就是历史上著名的“城镇发生于大江大河平原的河源论”。

进入工业化时期，人类的城镇化才真正开始并逐步向全球展开。首先，是制造业和配套性的矿业性城镇的兴起和快速发展。其中，制造业城镇多是在原有商贸港口交通型城镇的基础上转型发展起来的。起源于18世纪60年代的以蒸汽机的广泛使用为代表的英国工业革命，形成全球第一次工业化革命的浪潮并启动了近代世界城镇化的进程。随之而来的是大量的矿业城镇的兴起和发展，靠能源原材料和农产品产地专业化的全球分工协作方式，将世界大部分国家和地区以殖民地的形式纳入整个全球化的进程中。

其次，近代工业化最直接的结果，就是导致全球人口的快速增长和世界各地城镇数量的增加与城镇规模的扩大。历史的统计资料表明，人类工业化之前的人口增长和城镇化发展速度十分缓慢，1760 年世界人口总数和城镇化水平分别仅为 2 亿人和 5% 左右；工业化之后世界人口增长速度和城镇化水平迅速提高了五到十倍，并且越来越快，到 1900 年世界人口总数和城镇化水平分别增长到 16.5 亿人和 13.3%（到 2020 年世界人口总数和城镇化水平分别达 76 亿人和 56%，发达国家城镇化水平更是高达 90%）。

最后，众多农村居民点消失，取而代之的是规模化集约化的家庭农场或农庄。工业化给农业带来的就是农业产业化、机械化和集约化，大幅度提高了农业劳动生产效率（土地生产效率也有所提升，但幅度不大）。这势必导致农民和农村居民点的减少，一方面使农民失去农业就业机会并进城就业，实现城镇化转型，另一方面，有先进农业知识的农民实现土地集约经营和家庭农场化，促进农业产业化和现代化，使人类真正摆脱了食物匮乏的困扰，为人类现代化发展奠定了坚实的基础。

从历史上看，工业化带来的城镇化主要靠如下几种模式来实现：一是工业化起源国英国的长子继承制模式。农村家庭的长子继承家庭全部土地，其他子女进城就业，逐步实现城镇化和农业集约化；欧洲其他国家，如法国和德国也有类似的做法。二是早期殖民国家美国的大农场主模式。由于殖民地原始居民不多，再加上殖民者的杀戮和驱赶，使大片土地能够直接转变为集约化农庄，后续农业的机械化也能得以顺利实现。至于城镇化，也是靠殖民式移民，部分直接留在城镇，部分以大农场工人开始，最后也比较顺利地进城就业。三是拉美国家跨国公司式的产品单一的大农业原材料模式。该模式使拉美农业顺利实现专业化和单一农产品规模化，短期内迅速实现了农业产业化、规模化，同时也迫使大批农民在短时期内集中进城。而城镇就业机会和住房等基础设施严重不足，从而出现了超城镇化的“贫民窟”现象；一些亚非新兴工业化国家也在不同程度上存在这样的问题。四是以中国为代表的新兴工业化国家走的是一条农民进城打工的独特模式。该模式允许农村剩余劳动力进城打工，同时保留农民身份和土地承包权益，但不能或少享受城镇居民的福利待遇，比较好地解决了农村剩余劳动力就业问题。

（二）原因分析

综上所述，可以看出人类各种聚落或居民点及其体系的成因有以下几点：一是人类本身的群居性。这是人类居民点存在和发展的内因，同时也契合了平面空间“点线面”分析的客观规律。二是生产和居住技术的进步。这是人类居民点发展的第一动力，具体体现在人类经济活动的规模和集聚效益上，是人类居民点不断扩张，同时又仅限于一定空间“点”上的根本原因。三是大自然提供的自然水热和地形地貌空间条件。这是必不可少的外因，具体而言，人类居民点在地表出现、存在和发展的主要外部条件是温亚热带的气候水热条件、海拔高度 1000 米以下的地表空间，以及地势平坦的沿海平原和大江大河两岸平原地区（城镇的起源之地）等。

二、城乡居民点规模结构体系和区域空间分布格局

城乡居民点之所以能聚集人口和资源，除了最基本的人类内在的群居性外，还有其所具备的四大功能，即“面”上腹地初级农矿产品的汇集

功能、制成品加工制造和生产要素培育形成功能（工业革命后该功能尤其突出）、各类产品和生产要素市场配置功能以及居民生活消费服务功能等。各城乡居民点功能虽然都一样，但由于这些功能的空间区域辐射影响力大小不同，各功能具体分工和实力大小不同，以及城乡之间空间区位和距离所决定的彼此连接方式、远近不同，从而形成的居民点规模大小也就不同，由此决定了特定空间区域中城乡居民点的规模结构体系和区域空间分布格局。

（一）城乡居民点的规模结构体系

一是各个城乡居民点规模大小主要由聚集与分散正反向两组因素共同决定。正向聚集因素主要包括居民点区位条件、腹地范围、规模大小、资源禀赋条件、技术进步水平和发展历程积累等，这些因素通过影响居民点的经济整体实力、辐射带动能力和区域分工地位，从而决定着创新居民点的扩张能力和规模大小。反向分散因素主要有居民点腹地的人口承载力（指居民点辐射影响范围内的农业产量能够承担的合理人口数）、居民点单位建设用地人口容量（居民生活、生产和生态活动所需的建设用地，中国建设部门提出的城镇建设用地综合标准是100平方米/人，相当于1万人/平方千米，国际上也大体相当）、交通通勤方式与时间等，这些因素通过影响居民点可能的分工职能、人类到居民点工作的愿望和生活工作质量来限制居民点人口的聚集。正向聚集与反向分散两方面因素相互作用并达到均衡，决定着各城乡居民点规模的大小。当然，随着各类因素的变化，各城乡居民点规模的大小也会相应地发生变化，以适应新的发展环境和条件的要求。

二是城乡居民点规模大小具体由该居民点的功能多少和大小所决定。居民点具有多种功能，如制造业、服务业、居住、生态等，这些功能具有累积性，一般而言，居民点累积功能越多越大，则规模就越大；反之就越小。

三是城乡居民点规模结构遵循着一定的大小层次规律并有机地组合在一起。其中，一个主要的经验公式就是著名的齐普夫定律（Zipf's Law）——一个地区的城乡居民点规模结构大小分布符合“规模—排序”规律，即某排序居民点的人口规模是该地区首位城市人口规模与排序位次的某一指数之比。这个经验公式说明，一个地区所有城乡居民点都是按照一定的规模大小排序的，若按照规模层次计算，则规模层次越小，城乡居民点数量越多，呈现“金字塔”结构分布。

这里为简便起见，不失一般性地将一个地区的城乡居民点划分为以下三个层次，并分别讨论各层次特点：第一个层次是地区首位城市。即该地区人口规模最大的城市，其区位条件最好、城市功能分工最全、经济社会实力最强，具有对内辐射影响覆盖整个地区、对外能代表整个区域参与区际联系与竞争的地位和作用，是地区生产要素资源配置指挥中心和产品服务的分配交换中心。第二个层次是区内制造业和产品集散服务的中心城市，是除高端服务业和装备制造业外，一般产品制造业的生产空间承载地，也是经济循环中最关键的生产环节的集中之地，并组合成各类产业链和产业集群。第三个层次是区内为乡村或家庭农场产品生产、汇聚和服务的基层居民点。其形式主要有西方发达国家的家庭农庄和发展中国家普遍存在的自然村（此外，还有规模大小不等、分布分散随意的各种类型的矿城、矿区和矿点等）。

（二）空间区域分布格局

一般而言，城乡居民点空间区域分布主要遵循以下基本规律：一是所谓“双集中”分布规律。即城乡居民点是人口、资源、建筑和经济活动的空间区域集中（就全球而言，其面积仅占全球陆地面积的3%），同时城乡居民点本身也具有空间区域集中的现象，这就是所谓城乡居民点“双集中”现象和规律（城市尤其如此）。二是空间区域集中分布需要满足的主要自然环境条件。即城乡居民点集中分布区主要位于温带和亚热带地区、海拔高度1000米以下的地区、地形平坦的平原地区以及沿海沿江地区等。统计分析数据表明，这里集中了世界上90%以上的人口、建筑和经济活动。三是大中小城市和小城镇（还包括乡村居民点或家庭农庄）有机结合分布规律。即城乡居民点按照规模结构有序的客观要求，遵循“以大带小、以城带乡”的经济活动规律，在空间区域布局上形成了相应的以实体中心城市为中心，带动周边若干县域组成都市圈（相当于美国行政管理和预算局划分的大小都市统计区），以三个及以上关系紧密的都市圈组成城市群，以三个及以上经济联系紧密的城市群组成城市集群（西方称为城市绵延带），以及最后由整个区域城镇乡村居民点组成城乡居民点体系等。由此构成多层次城乡居民点空间结构分布体系，为城乡区域经济分工协作和空间市场一体化奠定了坚实的空间区域结构基础。

（三）城乡居民点内部结构

虽然在空间区域经济分析中城乡居民点被抽象为一个“点”，但是在分析其内部空间结构时，就不能不考虑面积因素了。一般认为，城乡居民点是各类不同功能的建筑通过居民点内部交通线路连接在一起的有机聚集整体，其基本组成单元是居民点组团（包括居民点及其附属功能区）。一般而言，从首要的居住功能看，任何居民点都是由生态、生产和生活等所谓“三生”空间有机组合而成，形成一个或若干个大小、规模和功能不等的组团有机组合而成的；对人口规模较大、功能较全、经济活力较大的综合性城市居民点而言，可能还会出现一个由若干组团形成的城市片区的内部中间层次，由此形成由建成区组成的整个实体中心城市，由核心城市片区、城区边缘片区和郊区分散分布片区组成的片区层次，以及基层居民点组团等构成城市居民点三层次空间结构体系。就核心城市片区而言，包括若干综合性和专业性的中心商务区组团，也包括城市规模最大、档次最高的商业中心组团以及一些高端的居民区组团，主要体现城市的市场功能和公共管理功能。就城区边缘片区而言，主要由城市制造业组团（包括工业化初期在城市核心区建立的制造业实体搬迁过来的新工厂）、配套的各类商业中心组团以及相应的居民点组团组成，主要体现城市的生产功能和居住功能。就郊区分散分布片区而言，主要是城市制造业配套区组团，郊区化的各类中心商务区、商业中心区和制造业园区组团，以及郊区化居民点组团等，主要体现城市的生产配套功能和生态型田园居住功能。

三、分工合作和空间市场一体化

任何城乡居民点都具有人口资源聚集、生产加工、市场交换和生活消费等四大基本功能，其具体项目内容和能力水平因其区位条件、腹地范围、资源禀赋、发展历程和规模大小的不同而千差万别。为使这些建立在比较优势基础上的居民点间的分工协作取得经济效益，也为了平衡差异，就需要促进各地区市场空间一体化。另外，经济活动在空间的“点线面”结构本身就是一种区域分工形式。“点”主要承担人口、资源、建筑、制造业和消费的聚集与配置；“线”主要承担“点与点”之间或城乡区域之间的交通通信联系，以及“点”内部各建筑之间的交通通信联系；“面”则主要承担农业现代化、矿产资源有序高效可持续开发利用以及自然生态环境保护等。这里主要集中讨论“点”状的城乡居民点之间的分工合作和空间市场一体化问题。

（一）分工合作

城乡居民点之间的产业分工宽度（地区主导和支柱产业的范围）和强度（某产业产值在全国的比重）主要决定于其规模大小。一般而言，按照城乡居民点规模大小（大体上也可以行政级别来替代），其产业分工大体上分为以下层次。一是首都和直辖市中心城市，其产业分工为经济生产要素的配置中心和高端服务业聚集中心，是整个国家城乡区域的经济活动规划、指挥和调控中心，其辐射影响覆盖国土全域并代表整个国家参与全球竞争。二是副省级和省会中心城市，其产业分工为各行各业装备制造业和区域性物流集散中心，是国家工业化和城镇化的核心装备促进中心，决定着国家经济技术进步水平。三是地级市和县级市中心城市，其产业分工为量大面广的一般产品制造业、原料生产和零部件制造中心，是决定中国现实经济实力的主要载体城市，是中国出口导向性经济的主要生产基地。四是县城中心城市和部分乡镇，其产业分工为各类农矿产品初加工中心以及农业矿业服务基地，是经济活动原料集散来源基地。五是部分乡镇和村庄居民点，其产业分工为农业矿业生产基地和过剩农业劳动力来源地，是区域经济发展最基层的物质来源基地。

（二）空间市场一体化

空间市场一体化的过程是按照空间层次与范围不断扩大的过程，即遵循着从中心城市、都市圈、城市群、城市集群直到整个区域城镇体系的层次逐步提高与范围逐步扩大，最终形成所有空间区域市场一体化体系。各层次空间市场一体化的内容和政策也是有区别的。中心城市内部的市场一体化主要任务是，维护市场秩序、消除行业垄断，打击欺行霸市、假冒伪劣行为等，做到童叟无欺、诚实守信、维护质量品牌声誉等。都市圈空间区域一体化的主要任务是，促进城乡空间市场一体化，特别是城乡生产要素的自由有序流动，以不断提高资源配置效率。城市群地区空间市场一体化的主要任务是，消除壁垒和地方保护主义行为，促进区域之间的公平竞争和优胜劣汰，实现跨区域资源优化配置。城市集群地区空间市场一体化的主要任务是，促进城市跨区域合作，形成整体区域性综合竞争力优势，以有效参与国内和国际市场竞争。整个区域城镇体系的空间市场一体化的主要任务是，确保区域内资源配置一体化、产品服务一体化和社会福利制度一体化，为实现经济可持续发展奠定坚实的市场一体化基础。

四、顶层设计与发展运行

（一）顶层设计

1. 高度城镇化目标

目前，发达国家城镇化水平已达 90% 左右，农业现代化任务已经完成，并且农业现代化水平和生产效率还在不断提高（表现为直接或间接从事农业生产的劳动力还在不断减少）。这样高度城镇化水平也应该是中国全面现代化建设追求的最终目标。也就是说，中国的城乡区域经济发展的顶层设计，也应该建立在 90% 及以上的高度城镇化水平的基础之上。未来在农村居民点居住 10% 的人口，其中直接从事农业生产的农民只占 1% ~ 2%，其余为农民家属、农业服务性辅助产业人员和农村打工人员等。

2. 城乡居民点体系的顶层设计

——城镇体系的顶层设计：舒展的城镇体系，紧凑集约的城镇建设。首先，构建舒展的城镇体系，就是要遵循和按照大中小城市和小城镇相结合的一般城镇体系原理，针对各类城镇存在的“城镇病”问题，细化和优化各层次城镇的具体功能范围和强度大小，并合理规划城镇人口总量、建成区面积和建筑物密度等指标，以形成没有或消除了各种“城镇病”的、居民生产生活生态“三生”空间大幅度优化改善的新型舒展型城镇体系。一般而言，对舒展型的城镇体系有如下具体要求：在城镇体系中各层次城镇数量结构合理，即各层次城镇数量要符合 1 ： 10 的统计规律的要求；城镇体系规模结构应该遵循“金字塔”结构；城镇建成区面积规模结构要按层次遵循相关规定，如首都和直辖市中心城市建成区面积在 800 平方千米 ~ 1000 平方千米、副省级和省会中心城市建成区面积在 500 平方千米 ~ 800 平方千米、地级中心城市建成区面积在 200 平方千米 ~ 500 平方千米、县级中心城市建成区面积在 50 平方千米 ~ 200 平方千米、建制镇中心区在 5 平方千米 ~ 50 平方千米等；各层次城镇的功能范围和强度也需要满足由大到小的客观结构分布规律；等等。

其次，建设紧凑集约的城镇，即城镇建设需要按照规模效益、聚集效应（集群效益和产业链效应）和范围效应（多产业链聚集）的基本规律，遵循城镇规划的“中心区、边缘区和郊区圈层结构”“功能分工区划和功能适度综合相结合”以及“片区—组团空间结构”等先进理念，构建以 CBD 为城镇核心、以公交为导向和以生态文明为底色的紧凑集约的城镇实体，以消除空间无序扩展的“摊大饼”、功能杂乱无章和城镇建设运行的高消耗低效率现象。

——乡村居民点的顶层设计：适度规模化的现代化家庭农庄。有人认为，中美城乡区域经济差异主要体现在农村。美国农村基本没有“村庄”的概念了，只有规模化的以家庭为单位的集约化和规模化的现代农庄，总数大约有 220 万个并且还在不断减少，其平均耕地规模在 1800 亩（200 英亩）以上；美国农业人口仅占 10%，除了居住在家庭农庄外，其余都住在为农业提供各种“产中、产前和产后”服务的专业性镇上，大约 2.3 万个（美国人口 10 万以上的城市大约有 280 个）。因此，美国基本实现了农业现代化和城乡一体化。目前，中国有近 300 万个行政村和自然村，按户籍人口分析，农业人口还高达7亿人，占比50%左右，每个村平均人口近220人，建制镇（包括乡集镇）近3.2万个，在未来二三十年，甚至更长的时期，需要进行大规模的集约化、规模化和现代化调整。大规模调整的基本思路，即要逐步促进农村耕地适度规模化的调整，大力鼓励以家庭农庄为主的规模化集约化发展，最终变300万个的行政村和自然村为300万个适度规模化的家庭农庄；并适度增加乡镇数量，可增加到5万个左右，平均每个乡镇服务60个规模化家庭农庄。这就是适度规模化的现代化家庭农庄的完整结构体系。

（二）发展运行

城乡区域经济运行也遵循着“两有”机制，即有效市场机制与有为政府干预机制，最终为形成新时期经济双循环新发展格局服务。

1. 有效市场机制

在以市场经济体制为三大基本经济制度之一的条件下，我国城乡区域经济发展必须遵循让市场机制在资源配置中起决定性作用的基本原则。一是城乡居民点区位选址由市场机制决定。各类城市、建制镇、行政村和自然村的区位地址都需要经得起市场最优化的考验，不然就会面临调整和优化。当然，随着经济技术的发展和区位条件的变化，一些城镇乡村的原有所在位置会出现各种问题，这就需要按照市场原则不断进行调整优化。二是厂商位置的变化也需要按照市场的要求来确定。制造业厂商位置一般分布在城乡居民点内，其具体位置遵循着居民点内部价差地价原理来选择，基本上完全是市场机制在起作用。三是居民住宅区位选址由市场机制决定。城乡居民点首要功能是居民的居住，按照“以人为本”的人本理念，城乡建设用地的最佳区位应该用于住宅开发。事实上，在市场机制条件下，在先进的城市适度混合功能区规划中，居民住宅区都位于各功能区的最佳区位上。上述居民点规模（包括人口和建成区规模）、功能范围强度、空间分布和居民点内外空间结构等，都是经过历史的选择、演变和改进，才逐步形成和固定下来的，其基本决定因素为“无形之手”的市场机制。

2. 有为政府干预机制

事实上，城乡居民点是最大最复杂的人工创造物体，也集中了最多最全面的社会公共需求，政府干预机制在其中具有不可替代的重要地位和作用。如何在以市场机制起决定性作用的前提条件下，也让政府的“有形之手”在市场失灵的领域和环节，起到不可替代的关键性作用，长期以来就是人们不断探索的重大课题；应该说这样一个关乎人类前途和命运的重大课题，直到现在也还没有为大家所公认的答案。我国改革开放四十多年来取得的令世界瞩目的发展成果，揭示了这个重大课题的“中国答案”，这就是“有效市场机制和有为政府干预机制”有机结合的“两有”现代混合经济运行机制。当代著名的新古典综合经济学派的创始人、美国著名经济学家萨缪尔森在其生前最后第十九版的《经济学》教材的导言中开宗明义地指出，未来经济运行机制就是混合经济体制，其基本观点就是，经过多年来正反两方面的长期实践和探索，人们终于明白（虽然还不是所有的经济学家，但可以肯定的是绝大多数经济学家），最适合人类经济发展的体制机制模式就是古典政治经济学家亚当·斯密提出的“看不见的手”的市场运行机制原理（可称为斯密主义）和凯恩斯提出的“看得见的手”的政府适度干预原理（可称为凯恩斯主义）的有效结合的现代经济混合运行机制（或称萨缪尔森主义），中国特色的“两有论”是与其高度契合的。

就城乡区域经济而言，必须看到，相对产业经济，城乡区域经济存在着更多的信息不对称性（因为城乡区域经济信息具有综合性、整体性、动态性和差异性，这些都客观地需要政府加以收集整理和发布），因此需要更多的政府参与和引导，才能确保正常运行并达到均衡、协调和可持续发展的宏观经济发展目标。因此，中国特色的“两有论”经济运行机制中有为政府干预机制在城乡区域经济的运行中就显得更加重要。其基本内容主要是：在市场机制起决定性作用的条件下，政府“有形之手”通过制定引导性的城乡区域经济发展在内的各种战略、规划和政策来有效干预和促进城乡区域经济健康与稳定、均衡和协调以及可持续发展。为市场经济的健康稳定运行，提供主动并有预见性的不可或缺的反周期性、结构优化性、均衡协调性和公平公正性的公共政策和措施；政府干预城乡区域经济运行的基本手段，除了宏观经济政策的基本财政（财政转移支付）、税收（递减税收政策）以及政策性金融（落后地区发展基金）和政府性投资（基础设施投资补贴）手段以外，还包括许多具体手段，如建设用地分配审批、基础设施布局、城乡区域分工协作指导、空间市场一体化措施以及可持续发展优惠政策等。这些鼓励和促进城乡区域经济均衡、协调和可持续发展的政府干预与引导政策，无论是内容还是手段都较西方发达国家复杂与多样，具有明显的中国特色（当然，目前中国城乡区域经济均衡、协调和可持续发展任务还十分艰巨，与西方国家相比还有不小的差距）。

3. 形成经济双循环新发展格局的目标选择

很明显，城乡区域经济是以内循环为主、国内国际循环互促互进的重要组成部分，更是内循环的主要载体，其总量的均衡、结构的协调和生态的可持续发展必将有效促进新发展格局这一目标的顺利实现。首先，城乡区域经济总量上的均衡发展必将有力地促进经济双循环的畅通运行。国内经济循环是由需求侧层次随收入提高而上升、供给侧结构随需求上升而升级、产品和要素市场体系不断完善以及政府干预和引导随市场波动而有效调整四方面组成的完整的国民经济内循环过程，其畅通运行与否决定着经济内循环的效率和经济发展的成就。城乡区域经济通过地缘空间地理关联，可以将这四个环节有效地连接在一起，在促进经济内循环畅通上起着不可替代的关键性作用。其次，城乡区域经济结构上的协调必将有助于解决中国经济发展长期存在的“不全面不充分”问题，努力构建新发展格局。事实上，新发展格局包括宏观经济双循环、产业和区域中观经济双循环、企业微观经济双循环等方面，城乡区域经济可以同产业经济有效地连接沟通起来，各自充分发挥应有的作用，从而形成完善的经济双循环新发展格局体系。最后，城乡区域经济生态上的可持续发展必将有助于解决中国经济发展中突出存在着的自然资源利用效率不高、生态破坏普遍和环境污染严重等问题，为构建新发展格局提供绿色可持续保障条件。

第三节 “线”状占用行为与分布
——综合立体交通线路网络

经济活动在空间上表现出来的第二种形态就是“线”状的交通线路网络体系。事实上，空间区域中随自然资源与环境分布而分布的各城乡居民点之间需要联系，居民点内部各建筑物之间也需要沟通，由此，逐步形成了各种“线”状的交通线路网络体系。交通线路网络体系为城乡区域经济发展提供了不可或缺的基础硬件条件，也构成了城乡区域经济一体化发展的基本空间框架。以下从交通线路网络体系的形成、交通线路网络模式的选择以及未来交通线路网络体系层次结构的顶层设计三方面进行探讨和分析。

一、交通线路网络体系的形成

交通线路网络体系是交通对象（人与货物）、交通线路和交通工具“三位一体”的交通系统的组成部分之一，也是城乡区域经济“三大占用形态”组成要素之一。随着人类经济和科技水平的发展和进步，交通线路网络体系的形成经历了从局部到整体、由单一到多样、由慢到快、由艰辛到舒适便捷的发展过程，并逐步得到完善和实现现代化。高度全球化的、多样复杂的、越来越重要的立体网络体系，在一定程度上推动城乡区域经济的健康快速发展。

第一，从由局部到整体的发展看，交通线路的起源与人类社会的发展有着直接的紧密关系。鲁迅先生曾经说过，“世上本没有路，走的人多了，也便成了路”，比较好地揭示了交通线路的起源。事实上，交通线路起源于人类日常生产与生活的需求，渔猎时期必然产生渔猎之线路，原始农耕时期则产生耕作之路，定居时代的到来，自然出现村庄之路，这些原始线路几乎都没有任何人为加工和处理的痕迹，也不可能留下任何遗迹。随着原始农牧业经济的进一步发展，手工业、原始商业以及原始城池的出现以及牛车马车等交通工具的出现，有一定人为设计、施工和维护的原始居民点内外交通线路才真正出现，并在考古实践中得到大量证实（令人印象深刻的当属四大古文明中都出现过的原始城池中的网格状城市内部交通体系，以及原始人类利用木桨与风帆对水路的利用）。当然，真正现代意义的交通线路是18世纪中叶工业革命之后才产生的。工业革命催生了机械动力轮船、汽车、火车乃至飞机等现代交通工具，为现代交通线路产生创造了条件。时至今日，全球性立体交通线路网络体系基本形成，主要特点是：国际交通，人员运输主要靠飞机的空中线路、货物运输靠集装箱海运的海上线路，表明世界仍处于海洋和航空经济时代。国内交通（以中国为例），人员和货物运输主要靠铁路和高速公路运输线路，基础运输则为公路；城镇内部交通主要靠城镇道路和地铁线路。

第二，从由单一到多样的变化看，人类最早成形的交通线路应该是水路，之后出现公路、铁路以及空中航线和管道线路，逐步形成如今五大综合立体交通线路网络格局。

第三，由慢到快的变化。从步行、牛车、马车，到轮船、汽车、火车，再到飞机和未来的真空胶囊运输，交通运输速度飞速提高，人们的时间概念不断发生变化。

第四，由艰辛到舒适和便捷的变化。人员运输从水运、公路到铁路和飞机，人们的交通体验不断提升；至于货物运输，主要是从散装运输和个件运输，到包装运输，再到集装箱运输，彻底提升了货物运输的安全性、快捷性和运输效率，大大降低了运输损坏率和运输成本，对城乡区域经济专业化和一体化起着良好作用，有力地促进了经济全球化发展。

最后，还要分析一下未来交通工具与线路，如真空胶囊、自动驾驶等。以自动驾驶为主的人工智能信息化交通运输手段的成熟，也必将彻底提升交通运输效率。据调查统计分析，目前整个社会在运行的汽车，只有现有保留汽车总量的 10%，也就是说，实际上任何时候只需要 10% 的汽车运行，而其余 90% 的汽车则处于停运状态。因此，可以想象一下，只要通过信息网络和智能技术，使任何人任何时候去任何地方都能获得共享的汽车运输服务，那么，整个社会也就只需要 10% 的汽车保留量，必将大大节约物质资源和地表空间，也将给全人类的运输事业带来一场前所未有的变革。

二、交通线路网络连接模式的选择

交通的本质是城乡居民点之间（“点与点”之间）有形的物理连接，以及居民点内部建筑物之间有形的物理连接。交通线路连接模式则是指城乡居民点之间以及居民点内部建筑物之间连接的几何形态模式。从数理学原理看，空间“点与点”之间直线距离最短，三点之间以“三角形”连接最经济，因此“线性直线三角形”连接具有顶层设计的特点。然而，在居民点内部建筑物之间具有更大空间范围的接触面（即建筑物侧面都可以与外界连接），因此，可以形成四方网格状联系或“同心圆辐射型”连接。这里需要指出的是，城乡居民点内外交通网络连接模式的区别主要表现在交通线路的密度上，一般而言“点与点连接”的区域交通网络线路密度在0.6千米/平方千米左右，而城镇内部交通网络线路密度至少在6千米/平方千米，两者相差10倍，这就是两者的巨大区别，也是必须将两者分开来研究、分析和规划的根本原因。

城乡居民点内外交通网络连接的几何模式主要有如下几种基本形态：一是“点与点”之间的“线性直线三角形”模式；二是“四方网格型”和“同心圆辐射型”模式；三是以上三种模式的混合型，可表现为受山脉和河流等地形和其他自然因素影响而呈现出来的不规则几何模式。在实际应用中，航空线路和海运线路多采取“线性直线三角形”布局，区域交通线路的顶层设计应该是“线性直线三角形”模式（由于区域经济发展水平还不成熟的地区还达不到顶层设计的水平，一般多为“四方网格型”），而居民点内部交通多为“四方网格型”或“同心圆辐射型”。

三、未来交通线路网络体系层次结构的顶层设计

交通线路网络特点之一就是立体层次结构，这是由城乡居民点层次体系所决定的。一般而言，按照不同的角度，城乡居民点可以分为不同的层次体系，主要有城镇人口规模层次，即按照城镇人口数量由多到少划分若干档次：超过1000万人口的超大规模城市、500万～1000万人口的特大

城市、100万～500万人口的大城市、50万～100万人口的中等城市、20万～50万人口的小城市、5万～20万人口的小城镇、1万～5万人口的建制镇，以及行政村和自然村等。也可按照行政级别划分为六个层次，即首都和直辖市中心城市、副省级和省会中心城市、地级中心城市、县级中心城市和县城、建制镇和乡政府所在地，以及行政村和自然村等。除此之外，还可将城乡居民点体系的层次划分为便于分析和研究的层次结构，如有些研究将城乡居民点体系按照区域影响大小划分为国家级、地区级和基层级三个层次，还有的划分为宏观综合性大城市、中观专业化中小城市以及微观基础功能小城镇等。也就是说，城乡居民点体系的层次划分，是可以按照人们研究和政策分析的需求来划分的。本部分论述主要涉及以下两种划分。

一是按照行政级别将城乡居民点体系划分为六个层次，用于分析与判断、规划与建设多层次交通线路网络体系。具体顶层设计的方案是：按照同层次城乡居民点之间“线性直线三角形”连接模式，构建城乡区域交通线路顶层设计网络体系（其城乡区域交通网络线路总长度就是没有“断头路”和“缺边路”的顶层设计），每个层次的城乡居民点之间都采取“线性直线三角形”的连接模式，分别构建各层次的连接网络体系，最终形成多层次城乡区域经济一体化互联互通模式。

根据上述城乡区域交通线路多层次“线性直线三角形”顶层设计的设想，可以理想地计算出整个城乡区域交通网络线路总长度。

假设：第一，同层次各城乡居民点所控制的空间区域面积为同样的大小；第二，同层次各城乡居民点都按照“线性直线三角形”连接模式与周边同级别的6个居民点连接，整体则形成蜂窝状正六边形模式。

由此可计算出同层次各城乡居民点之间理想的线路长度为：

$$L_i=3.2237\times\sqrt{M\times N_i} \quad (1)$$

$$L=3.2237\times\sum_{i=1}^{n}\sqrt{M\times\sum_{i=1}^{n}N_i} \quad (2)$$

其中：L_i 为第 i 层级城乡居民点之间的理论长度；L 为城乡区域交通网络线路理论总长度；M 为城乡区域国土总面积、N_i 为第 i 层级城乡居民点数量（各层次之间的交通线路，可逐级并累计纳入下一层次再统一计算，以解决城乡之间和各层次之间的交通连接问题）；n 为 n 个城乡区域层次。

这里需要指出的是，各不同级别居民点之间，特别是城乡之间的交通线路，往往在上述各层次的交通网络中已经连接起来，少数未连接起来的居民点则可以通过修建必要的专门的连接线加以解决。至于城乡居民点内部建筑物之间的高密度交通线路网络，遵循着更为复杂的居民点内部交通线路网络体系的规划、建设和管理规则，但也可以简单地使用城乡居民点内部建成区面积平均交通线路密度来大体计算出其总长。

二是按照区域影响大小将城乡居民点体系划分为国家级、地区级和基层级三个层级，主要用于城乡居民点之间交通线路网络运行与管理。一般认为，城乡区域经济层次结构与城乡区域交通线路网络层次结构是相互对应和互促互进的关系。事实上，目前中国按照区域影响大小将城乡居民点体系划分为国家级、地区级和基层级三个层次，与《交通强国建设纲要》中提出的“发达的快速网、完善的干线网、广泛的基础网”的综合交通立体网络体系主体框架有机结合起来，构成了未来中国城乡区域经济现代化条件下的综合立体交通网络的顶层设计方案。这为实现“全国 123 出行交通圈”（都市区 1 小时通勤、城市群 2 小时通达、全国主要城市 3 小时覆盖）和“全球 123 快货物流圈”（国内 1 天送达、周边国家 2 天送达、全球主要城市 3 天送达），旅客联程运输便捷顺畅，货物多式联运高效经济的现代化高质量交通强国的宏伟目标，打下了坚实基础。

需要指出的是，城乡居民点之间的联系还有很多方式且都十分重要，如各种各样的交通通信手段，但公路交通方式是其中最基本最普遍，同时也是最能说明问题的方式，因此本部分就以公路交通方式作为代表来加以分析。

第四节 “面”状占用行为与分布
——“块”状的农矿用地和生态用地

经济活动在空间上表现出来的第三种形态就是“面”状的农矿用地和生态用地，是城乡区域经济发展的基础和前提，为人类生存和发展提供必需的农矿初级产品和生态环境公共产品。

一、农业用地及农业的现代化

农业是人类最早和最初级的生产形式，农业用地是人类最早和最基本的生产用地，作为“面”状用地，是人类开发和使用量最多的土地利用形式。与制造业用地、交通线路用地、矿业用地和人类居住用地相比，农业属土地密集型初级产品产业；与未利用地一起，属于低经济效益用地，集约程度远低于城镇用地。

根据2017年国家最新修订的《土地利用现状分类》(GB/T21010-2017)，我国农业用地可分为耕地、园地、林地和草地等类型。从土地开发程度上看，未利用土地属于未开发土地，农业用地整体上属于低开发用地(其中的耕地属于中等开发用地)，建设用地则属于高度开发用地，并且可分别用国土开发利用程度(即农业用地和建设用地在国土面积中的比重)、国土垦殖系数(即耕地在国土面积中的比重)以及国土建设用地强度(即建设用地在国土面积中的比重)来表示。从国际经验看，一个国家的垦殖系数在 20% 以上，说明其农业发展条件较好，比如美国、印度、澳大利亚和欧洲等国家和地区，否则，农业发展条件就较一般，如中国只有 12% 左右；就国土建设强度而言，发达国家要远高于发展中国家，西方发达国家基本都在 6% 以上，而发展中国家仅为其一半，只有 3% 左右，中国 2017 年为 4.1%。

耕地主要取决于地表水热条件和地形状况。一般而言，耕地主要分布在温带和亚热带的沿海平原和大江大河平原谷地地区，并同城乡居民点分布高度一致。因此，一个国家的平原面积基本决定了一个国家的耕地面积，中国平原面积只占国土面积的 12.7%，决定了中国较低的国土垦殖系数（虽然有一些山地丘陵地区可开垦梯田，但毕竟难度大、数量有限）；此外，具有同样区位分布条件的城乡居民点用地也对耕地开垦带来较大的影响。园地、林地和草地的分布同样受到地表水热条件和地形状况的影响。

农业用地的功能分工就是各种农业生产，而农业现代化则是整个城乡区域经济现代化的基础和前提，也是难点。其原因不仅是因为农业是利用生物生长来从事初级产品生产的过程，具有周期长、生产过程复杂、劳动强度大、分工效益不明显、最后产值密度不高等特点，而且还有一个常常被忽视的重要特征，那就是其机械化、规模集约化和化学生物高科技化等需要工业化之后的农业再度产业化才有可能实现。因此，事实上，任何国家的农业现代化都发生在工业革命之后！中国也不例外，也就是说，目前应该是我国农业现代化的关键时期，农业现代化是实现全面现代化的重中之重。

在数字信息化和以基因为主的现代生物技术快速发展的新时代，未来农业现代化完全可以走一条前所未有的崭新之路，目前这条新道路已经初见端倪，这就是以无土化、工厂化、立体化为特点的彻底改变农业现代化面貌的发展新方向。如果这条道路最终能够走通，就必将为未来农业现代化提供一条全新的捷径。

二、矿业用地及其可持续开发

矿业是初级产品产业，随自然矿产资源分布而分布，具体分布类型包括矿点、矿区和矿城，其中矿区纯粹受矿产资源的自然地理分布而分布，并呈现出“块”状分布；而矿点和矿城则是在矿区分布的前提下，受到矿区内部区位条件和其他一些自然条件（如交通等）的影响，并呈现出在矿区空间区域范围内的离散的“点”状分布。

矿业属于机械化生产的工业范畴，主要面临与周边生态环境之间的可持续发展，以及矿产资源自身可持续发展两大问题，即所谓“四矿”（矿业、矿山、矿工、矿城）问题。

一是开采过程中出现的生态环境破坏问题。矿区都处在山区，又被称为矿山，矿产资源的开采不可避免地会出现各种生态环境破坏问题，如植被破坏、水土流失、土地沙化、土地污染以及地表沉降。就植被破坏、水土流失、土地沙化和土地污染而言，随着矿山开采技术的进步、矿业生产过程的逐步规范和生态环保意识的增强，基本上可以尽量避免这些问题的发生，同时在矿产资源开采完毕后，采取各种有效措施恢复原有的生态环境面貌。就地表沉降而言，仍然还是一个尚未很好解决的难题。一般做法是尾矿的坑道回填，可以部分减小沉降程度，但无法彻底解决问题；表土填埋，改变土地利用性质，实现池塘化，也是目前普遍采取的治理手段之一。

二是矿产资源自身可持续发展问题，即资源枯竭问题。在众多天赐的自然资源中，除少数外，绝大多数都是不可再生资源，因此始终面临着资源枯竭问题。对资源枯竭本身而言，解决之道主要包括：节约利用，不断提高利用效率，尽量延长资源利用年限，寻找替代资源。对资源枯竭的城镇而言，则需要事先安排好替代产业，以避免“矿枯城衰”现象的出现。当然，对一些并不适合人类生存的矿区和矿城，最终可能的结果就是放弃。

此外，还有一个关于自然资源开采的问题值得注意，那就是许多自然资源丰富的地区，往往会出现悖论式的“富饶的贫困”问题。造成这种现象的原因：一方面是资源地区过度依赖单一的资源开采，缺乏其他后续或接替产业，没有顾及多元化产业发展的均衡协调；另一方面是收益分配制度安排不合理，矿山企业和地方政府分配比例相对较少，由此造成了资源地区的居民生活水平反而不高的现象。

三、生态用地及生态文明建设

地球表面所有空间区域都对生态文明建设担负着一定的责任，山水林田湖草沙都是大自然赋予地表的生态环境形态，其都具有不可替代的功能与作用，也都需要加以合理利用和有效保护。这里需要特别指出的是，在众多的土地利用类型中，未利用土地是唯一的仅承担生态文明建设责任的特殊国土。《土地利用现状分类》（GB/T 21010—2017）中虽然没有明确将未利用土地和生态用地单独分类，但还是可以大体上归纳出未利用土地和生态用地的范围：就未利用土地而言，主要包括第 12 大类其他土地类型中的用地，主要有空闲地、设施农用地、田坎、盐碱地、沙地、裸土地、裸岩石（砾）地等；就生态用地而言，则是除了上述第 12 大类用地外，还包括第 8 大类公共管理与公共服务性用地中的公园与绿地、第 9 大类特殊用地中的风景名胜设施用地，以及第 11 大类水域及水利设施用地，主要有河流水面、湖泊水面、水库水面、坑塘水面、海滩涂、内陆滩涂、沟渠、沼泽地、水工建筑用地、冰川及永久积雪等。

这里就几项主要的纯粹的生态用地，如山地、水体湿地、园林绿地和沙荒土地的生态价值略作论述。山地的生态价值主要是孕育森林植被和野生动植物基因资源、生产大气氧气、涵养水源、形成山区降水和负离子、提供山地自然旅游景观等，在大自然生态平衡体系中起到不可替代的生物质生产者和大气氧气提供者的作用，未来在“减碳稳碳”中还将发挥更大作用。水体湿地的生态价值主要是孕育水生动植物、提供鸟类栖息地、湿润空气和气候、平衡大气中二氧化碳含量，以及提供舟楫便利等，未来在进一步吸收大气二氧化碳含量方面将起到更大的作用。园林绿地的生态价值主要是作为人工生态系统，目的是为城镇体系提供人工模拟的必要的生态环境景观系统、为城镇建筑系统提供必要的绿色生态环境条件，以及为城镇居民生活提供休闲娱乐场地等。沙荒土地的生态价值分析有一定的难度。众所周知，土地利用的一个基本原则是因地制宜，具体说就是“宜农则农、宜林则林、宜草则草、宜工则工、宜居则居、宜荒则荒”，唯有“宜荒则荒”需要加以说明。一般认为这类沙荒土地，以及包括人类无法居住的无人土地都没有什么价值，也没有什么生态价值，其实不然。地球最适合人类生活居住，原因之一是大气中氧气含量达 20.9%，低于或高于这个范围都将对人类造成威胁。大气富氧的情况，则需要研究地质史上地球曾经历过的富氧时期的情况来加以表明。

地质史上的富氧时期是地球蕨类植物爆发的石炭纪时代。当时，地球陆地板块还没有完全分裂，陆地面积辽阔，水热条件优越，基本没有沙荒地，处处都生长着高大茂密的蕨类植物，这些植物最终都演变成为今天人们使用的煤炭。由于蕨类植物生长茂盛且占满了整个陆地表面，因此在光合作用的影响下，这些植被向大气释放出大量的氧气，使当时石炭纪时期大气中氧气的含量高达36%以上。高含氧量虽然有利于蕨类和其他植物的生长，但同时也容易发生火灾。事实上，石炭纪末期的全球性大火，一方面造成大量植物死亡形成堆积并转化为煤炭，另一方面导致全球性烟雾笼罩，进而引起全球气温下降，使地球进入冰河时期，最终导致石炭纪时代的结束，大气中氧气才回归正常。因此，如果将目前地球上的沙荒地都种树绿化，其结果很可能造成大气中氧气含量不合理增高，继而重蹈覆辙，那将是得不偿失的。可见，目前地球陆地上的沙荒地是有着十分重要的生态系统平衡功能作用的，是不能够全部森林绿化的。"宜荒则荒"对当今的地球生态平衡，特别是大气中氧气的稳定和平衡起着至关重要的作用。

事实上，所有土地利用类型除了其特定的经济社会价值以外，都还有其特殊的生态价值，如城镇中的园林绿地、山林中的风景名胜用地等。当然，还有一些土地利用会造成土地生态价值的减少或破坏，这就需要人们采取有效干预，以尽量克服生态价值的不当损失。

参考文献

[1] 刘蕾．基于多功能评价的大邑县乡村居民点体系优化研究 [D]. 西南交通大学，2019.
[2] 陶德凯．基于农业现代化的平原地区乡村居民点空间重组研究 [D]. 华中科技大学，2018.
[3] 单雪竹．严寒地区农村居民点生态位适宜度评价及体系优化研究 [D]. 哈尔滨工业大学，2018.
[4] 王涛．东北严寒地区绿色村镇体系的系统构建及综合评价应用研究 [D]. 哈尔滨工业大学，2017.
[5] 洪志娟．威客活动水平的区域空间统计分析——从人力资本视角看区域经济发展失衡 [J]. 技术经济，2017，36（08）：85-91+100.
[6] 李健．创新时代的新经济空间 [M]. 上海社会科学院出版社，2016.
[7] 鄢浩．大城市近郊区乡村居民点空间布局研究 [D]. 重庆大学，2016.
[8] 王铂俊．大城市都市区乡镇农村居民点重组优化策略研究 [D]. 华中科技大学，2016.
[9] 王卫．城市交通与城市经济发展 [M]. 东南大学出版社，2016.
[10] 周毅．中国西部脆弱生态环境与可持续发展研究 [M]. 新华出版社，2015.
[11] 孟凡浩．富锦市城乡居民点体系优化研究 [D]. 东北农业大学，2014.
[12] 杜蕾．黑龙江省垦区与农区居民点体系对比研究 [D]. 东北农业大学，2013.
[13] 张晓明．高速城市化时期村镇规划的区域性研究 [D]. 清华大学，2013.
[14] 洪世键，张京祥．城市蔓延机理与治理 [M]. 东南大学出版社，2012.

[15] 袁龙 . 基于城乡统筹的安康市城乡居民点体系重构优化研究 [D]. 西北大学，2012.

[16] 马静 . 城乡一体化导向下白水县域乡村居民点体系规划策略研究 [D]. 西安建筑科技大学，2011.

[17] 曾国平，罗航艳，曹跃群 . 中国农业经济增长的空间分布及相关性——基于 31 个省区 1985—2008 年的面板数据分析 [J]. 湖南农业大学学报（社会科学版），2010, 11（05）：1-6+37.

[18] 郝大江 . 区域经济增长的文化向度回归——基于“非均质文化”假设的空间建模分析 [J]. 财经研究，2010，36（08）：26-35.

[19] 贾琦 . 咸阳市城乡统筹规划的内容与方法研究 [D]. 西北大学，2010.

[20] 涂淑丽，陈斐 . 区域经济分析中的 GIS[J]. 中国物流与采购，2005（22）：60-62.

[21] 涂淑丽，陈斐 .GIS 在区域经济分析中的应用 [J]. 理论导报，2005（11）：26-27.

[22] 刘承良，朱俊林，徐亮 . 我国物流产业基本经济活动空间格局分析 [J]. 资源开发与市场，2004（03）：170-172.

[23] 保建云 . 区域经济运行中资源地域空间配置研究———个数理经济学的理论分析框架 [J]. 哈尔滨工业大学学报（社会科学版），2002（01）：62-66.

[24] 陈田 . 我国城市经济影响区域系统的初步分析 [J]. 地理学报，1987（04）：308-318.

第二章

经济活动的空间区域组合区划分析

——“点线面”组合形成多层次城乡区域经济体系

人类经济活动以“点线面”三种基本形态占用地表空间区域，并在其上按照区位论原理形成各自有规律的分布格局；除此之外，“点线面”三种基本形态还以“以点带面、以线串点”的结构形式有机组合在一起，形成相互关联的不同尺度和不同主要功能的多层次城乡区域经济体系（也可称为多层次经济地理分布体系）。本章的基本内容就是从理论上全面细致地分析多层次城乡区域经济体系的组合形成过程、结构特征和主要功能等。

第一节　经济活动在地表空间形成的多层次城乡区域经济体系

——组合区划论

从数理分析的角度看，地表空间区域是无限可分的，需要从横向的大小空间尺度和纵向的高低区域层次两方面作有限的划分，以形成各类区域，称为区划，才能对其加以分析。具体来说，区划论包括空间尺度论、范围层次论以及主体功能论。空间尺度论是指以多大的基本区域单元来划分空间区域（当然，经济活动的空间尺度是有范围限制的，小可以是一个建筑或居民点，大可以到整个地球表面，超出这样的空间范围就不属于本书的研究对象了）。尺度越大，划分的区域就越大，区划数量就越少；尺度越小，区划数量就越多。范围层次论，是指空间区划可以不断细分，大的区划可以包含若干小的区划，小的区划又可以包含若干更小的区划，这就是区划的层次。越是大的区划，层次越高，反之区划越小，层次越低。主体功能论，是指不同层次区划形成的区域承担着不同的功能，就经济区域而言，包括主要承担分工合作的基层区域、主要承担市场一体化的中层区域和主要承担区域均衡功能的高层区域等。

城乡区域经济体系的形成，是经济活动的"点线面"占用形态在空间上有规律分布和组合的结果，有县域、地域、省域和国域等多个区域层次。事实上，城乡区域经济之所以要划分空间区域，除了经济活动的空间占用形态、空间尺度、分布和组合规律之外，还与空间区域的客观数理性质有关。从数理角度来看，地表空间是具有"无限可分"的基本特点，而任何无限可分的事物，如线路和空间，只有划分为有限的"线段和区块"才能加以有效分析。因此，这里的所谓"空间区划分析"，就是将无限可分的"空间"从横向"区块"与纵向"层次"划分成为有限的"层次区块结构"，以有效分析分布于其上的经济社会活动（和其他任何地理事物与现象）。在此需要指出的是，经济活动的"点线面"占用结构分析，与包括城乡区域经济在内的所有地理事物与现象的分析是相辅相成、密切相关的。对无限可分的空间，作出有限划分的区块和层次，其依据在很大程度上就是"点线面"占用结构的性质和特点，如作为城乡居民聚落"点"的区位、作为连通各居民点的"线"的走向，以及作为农矿业、生态用地的"面"的空间分布等（当然，还包含其他地理事物的空间占用形态性质与特点，如自然现象的地形地貌、山川河流，以及人文现象的文化民族、社团国家等）。

事实上，按照空间区域的不同性质和视角，以及空间尺度的不同大小，可以将多层次城乡区域经济的区划体系分为三类：按照行政管理需要划分的县域、市域、省域和国域等（还可延伸到跨国性的洲域、全球域等）；按照自然地理单元划分的多层次城乡区域经济体系，如大流域城乡区域经济体系、中等流域和小流域（或支流）城乡区域经济体系（还可按山区、森林、草原等自然地理单元来划分，在此不再展开）；按照经济活动及管理特点划分的多层次城乡区域经济体系，如经济地带（或大区块）、综合经济区、都市圈和城市群、城市集群以及基层经济区等。显然，就城乡区域经济研究而言，这类区划意义更大。

一、按行政管理需要划分的多层次城乡区域经济体系

在国家和政府治理模式的形成过程中，公共事务越来越多、越来越复杂，国家与政府治理分级分区的行政区划管理就成为必然，这是十分自然的历史逻辑。从实践看，世界各国国家和政府治理的行政区划管理体系需要考虑以下三个因素：一是行政区划的依据，主要有自然地理因素、历史人文因素和政策管理因素等，实际上各国行政区划都是这些因素综合考虑的结果并会随着时代的变化而不断有所调整。二是行政区划的层次，可从一级（小国）到多级（大国），然而多数国家为三级，即国家级、区域级和地方级。其中，地方级或基层行政区划主要为县域（或郡域），是“点线面”结合最基本的区域单元，也是城乡区域经济分工的最基本区域单元；国家级最高，多设有首都特别都市或特别行政区，直属中央政府管辖。各国行政区划差别主要体现在区域级别上，可以是一级或多级，取决于国家的大小。三是行政区划的类型及其所属关系。事实上，从行政区划的类型看，各国行政区划都可以分为区域型和城乡居民点型两种基本类型。前者形成的是区域型政府，主要包括区内所有的人类活动的“点、线、面”形态占用空间单元；后者形成的是城乡居民点型政府，原本只管理居民点内

部公共事务，不管区域性公共事务。至于这两个基本行政区划类型之间的关系，世界各国都有所不同，大体情况包括美日型的“区域管理（或等级高于但不隶属）城乡居民点”型行政区划体系，英德法型的“区域管理和城市居民点管理”平行分治行政区划体系，如英国则是将郡县分为都市郡和农业郡（非都市郡），并分别实施以上两种类型的行政区划管理的治理模式。而“城乡居民点管理区域”的模式，似乎在国外还没有看见。这种“市管县”的行政区划模式是中国首创，而且越来越具有顽强的生命力。世界一些主要国家在分析其城乡区域经济时，都会在原有行政区划体系的基础上，构建出便于城乡区域经济分析的、单独的以城市为中心的空间区域结构体系来（如美国的“大小都市统计区”制度等）。

事实上，从“以线串点、以点带面”的现代城乡区域经济发展模式看，随着城市经济规模越来越大，构建“城乡居民点管理区域”的行政区划体系越来越有必要，其在区域经济中的地位和作用越来越高。前面已经指出，美国等西方发达国家都在其城乡区域经济发展规划中构建出各种以中心城市（或都市）为中心的各种都市圈、城市群和城市集群。由此可见，建立或塑造以中心城市为中心的城乡区域经济体系已经成为世界性潮流。中国自改革开放以来，就遵循了“以线串点、以点带面”的现代城乡区域经济发展模式和思路，超前并率先提出了以中心城市为核心，构建“市管县”为主要内容，并将区域性行政区划和城市行政区划合并在一起，以减少基层政府机构和人员的新型地方行政区划体系。目前，无论是从实践来看，还是从理论上看，这样一个“以市管县、市县机构合并”为核心的新型地方行政区划体系是成功的，而且引领世界城乡区域经济发展的潮流，符合城乡区域经济发展的客观规律，具有中国特色的原创性，值得肯定。未来在世界上也一定会为有关国家提供参考和借鉴。

当然，在此还必须指出的是，中国特色的“以市管县、市县机构合并”的地方行政区划新体系还有待完善，才能更好地与世界各国现行行政区划体系进行对接，否则各国行政区划体系不同，会造成许多经济社会发展指标无法对比和相互分析。同时，在此为了弥补“市管县”行政区划模式的不足，解决与国际行政区划体系无法对比的问题，特提出如下建议：以实体中心城市①为对象，采取独立的经济社会统计方法。这样既能满足城市带动城乡区域经济发展的客观需要，又能比较客观地反映出能与国际比较的实体城市发展情况，也符合国家正在酝酿“实体城市”划分方案的时机和要求。

二、按自然地理单元划分的多层次城乡区域经济体系

事实上，从世界各国城乡区域经济发展实践看，各国都有从自然地理区域单元分析其经济地理特点的传统。如在美国，一般根据地理地貌特征，将国土划分为三大地形地貌区：美国东部阿巴拉契亚山脉以东的沿大西洋平原地带，是美国政治、经济和文化的中心区；阿巴拉契亚山脉和西部的落基山脉之间为美国中部的密西西比河流域地带，为中部大平原和高原地区，也是美国的大农业粮仓地区；而落基山脉以西直到太平洋海岸则是西部山区地带，为美国山地矿业和太平洋沿岸高新产业地区。美国三大自然地带内部还可按地理地形进一步划分为以下八大地区：东部沿大西洋平原地带可进一步划分为美国东北新英格兰地区，包括缅因州、新罕布什

① 以城乡居民点建成区为合理空间范围，并随每年实际发展情况不断合理调整，以反映城市合理发展和扩张的实际情况；或者采取一种比较简单的办法，即建立供经济分析用的虚拟的中心实体城市所在“县域”行政区划单元，如北京的中心城 6 区（东城、西城、海淀、朝阳、丰台、石景山）、上海的中心城 8 区（黄埔、杨浦、虹口、静安、普陀、长宁、徐汇和浦东）、天津的中心城 10 区（和平、南开、红桥、河北、河东、河西、东丽、南津、西青和北辰）、重庆的 7 区（渝中、江北、南岸、九龙坡、大渡口、渝北和沙坪坝）等。

尔州、佛蒙特州、马萨诸塞州、康涅狄格州和罗德岛州 6 州；中东部沿海地区，包括纽约州、宾夕法尼亚州、新泽西州、华盛顿—哥伦比亚特区、马里兰州、特拉华州、弗吉尼亚州和西弗吉尼亚州 7 州 1 特区；东南部沿海地区，包括北卡罗来纳州、佐治亚州、南卡罗来纳州、亚拉巴马州和佛罗里达州 5 州。美国中部密西西比河流域地带可进一步分为五大湖地区，包括密歇根州、威斯康星州、伊利诺伊州、印第安纳州和俄亥俄州 5 州；中北部平原地区，包括明尼苏达州、艾奥瓦州、密苏里州、北达科他州、南达科他州、内布拉斯加州、堪萨斯州 7 州；中南部沿墨西哥湾平原地区，包括得克萨斯州、俄克拉何马州、肯塔基州、田纳西州、密西西比州、阿肯色州和路易斯安那州 7 州。美国西部山区地带可进一步分为落基山脉地区，包括蒙大拿州、怀俄明州、科罗拉多州、新墨西哥州、爱达荷州、犹他州、亚利桑那州 7 州；远西部太平洋沿岸地区，包括加利福尼亚州、华盛顿州、俄勒冈州、内华达州、阿拉斯加州和夏威夷州 6 州。美国八大地区的首位城市按照“以纽约为核心城市和以芝加哥为副核心城市，以两段五辐射”的方式连接起来，形成美国城乡区域经济一体化整体格局：以中东部的纽约为核心，向北辐射与东北部的波士顿连接，向南辐射与首都华盛顿和东南部的迈阿密连接，向西辐射到五大湖地区的副核心城市芝加哥；再从芝加哥继续向西南辐射到中北平原地区的堪萨斯城、落基山脉地区的丹佛，直到与西部地区的洛杉矶（也是美国的副核心城市）相连，向南则与中南部平原地区的休斯敦相连。

再比如英国，其全称为大不列颠及北爱尔兰联合王国，包括英格兰、苏格兰和威尔士，以及爱尔兰岛屿上的北爱尔兰。按照地理地形特点，英国经济地理学界一般将整个联合王国划分为西北山脉高原高地和东南丘陵平原低地两大板块，其中西北山脉高原高地板块主要为山地森林、高地草原牧区，西南丘陵平原低地板块则为农业和工业化地区（工业革命就发生在此地）。两大板块按照地形地貌特点还可进一步细化，其中北部山脉高原高地板块又可进一步分为苏格兰高地，包括西北高地和格兰扁山脉，平均海拔在600米～900米，主要为苏格兰的牧业区，人口稀少；苏格兰中央低地区，包括克莱德河和福斯湾，多为沼泽之地，是英国主要煤炭产地之一，分布着爱丁堡和格拉斯哥等大城市，是苏格兰城镇和人口密集地区；苏格兰南部高地，包括索尔韦湾、切维厄特丘陵，为山地森林、山间沼泽湿地和海边牧场景观；英格兰北部奔宁山脉（号称英格兰的"脊梁"）及东西沿海平原地区，包括中间的奔宁山脉，该山脉以西直到爱尔兰海边的柴郡和兰开夏郡低地（坎布里亚湖区、莫克姆湾、利物浦湾）、以西直到北海沿岸的约克低地（包括特伦特河流域等地区），地貌上形成所谓"Ω"形结构，中间山地多森林草地，两边沿海平原低地多沼泽湿地，其中坎布里亚湖区为著名的英国湖畔诗人文学流派的发祥地，北海沿岸平原煤炭资源丰富（有著名的纽卡斯尔煤炭城市）；北爱尔兰山地，地形为以内伊湖（英联邦最大湖泊）为中心四周均为山岳高地的浅碟状，经济发达，农业与畜牧业为主；威尔士山地，包括坎布里亚山脉、塞文河流域上游、卡迪根湾和布里斯托尔湾等，主要景观为山地沼泽森林，南部煤炭资源丰富。东南丘陵平原低地板块可进一步划分为英格兰中部地区，为奔宁山脉以南、威尔士以东直到北海沿岸以及科茨沃尔德以北地区，包括特伦特河以南地区、塞文河中下游、大乌斯河流域、沃什湾等地区，这里是英国工业革命的发祥地，老工业基地，畜牧业也很发达；英格兰南部丘陵平原地区，包括泰晤士河流域、西南部康沃尔半岛、南部丘陵地区等，这里是英联邦政治、经济和文化教育中心。以上英联邦按自然地理单元划分的八大城乡区域经济区，以大伦敦市为核心沿以下四个方向连接起来，形成英联邦城乡区域经济一体化体系：向北沿北海海岸平原辐射到纽卡斯尔，再到爱丁堡；向西北沿爱尔兰海沿岸辐射到伯明翰、曼彻斯特、格拉斯哥（以及利物浦到北爱尔兰的贝尔法斯特）；向西辐射到布里斯托尔、威尔士；向西南沿英吉利海峡辐射到康沃尔半岛。

近年来，随着我国长江经济带发展、黄河流域生态保护和高质量发展、长三角一体化发展等战略的提出，按照自然地理区域单元分析城乡区域经济发展战略和规划成为新的时尚，既能更好地反映自然地理环境条件对人类经济活动的影响，又是对历史上地理环境决定论过度批判的某种回归。目前，按照自然地理单元划分中国大尺度城乡区域经济体系的主要思路已经大体形成，即：根据中国大尺度地形地貌的划分，结合逐步形成的四大流域经济带（其中黄河流域生态保护和高质量发展战略、长江经济带高质量发展战略已经形成，珠江流域经济发展战略和东北黑松辽流域经济发展战略正在形成中），构建新时代中国“以三大阶梯地形和四大流域”区划形成的大尺度城乡区域经济体系，形成东北综合经济区、华北黄淮海流域京津冀鲁豫综合经济区、华东华中长江中下游沪苏浙皖赣鄂湘综合经济区、东南珠江下游粤闽琼桂综合经济区、西北黄河中上游晋陕甘宁蒙新综合经济区、长江中上游成渝综合经济区、珠江上游云贵综合经济区和青藏综合经济区八大跨省区综合经济区，可称为“348”高层大尺度城乡区域经济新格局。并且，按照城乡区域经济“中心—外围”理论，可以将“348”新格局构建成为以上海都市圈（即华东华中长江中下游沪苏浙皖赣鄂湘综合经济区）为核心和中心的，向北部（包括京津冀鲁豫综合经济区和东北综合经济区）、南部（包括东南粤闽琼桂综合经济区）和西部（包括正西方向的成渝综合经济区、西北方向的晋陕甘宁蒙新综合经济区以及西南方向的云贵综合经济区和青藏综合经济区）三大通道扇形辐射的全国一体化城乡区域经济新体系。该大尺度区划方案主要依据的是具有客观性的自然地理特点，基本不受人为因素的影响，比较容易为大家所接受。当然，在上述大尺度区划基础上，还需要进行中小尺度的进一步区划，可见后续章节。

三、按经济活动及管理特点划分的多层次城乡区域经济体系

从“十一五”规划开始，中国就按照各地区经济发展水平（主要是人均 GDP）以及与沿海的距离因素，将全国国土划分为三大经济地带，即东部地带（包括辽宁、河北、北京、天津、山东、江苏、上海、浙江、福建、广东和海南等省份）、中部地带（包括吉林、黑龙江、山西、河南、安徽、江西、湖北和湖南等省份）和西部地带（包括陕西、甘肃、宁夏、内蒙古、新疆、重庆、四川、云南、贵州、广西、青海和西藏等省份）；随后“十二五”时期又将东北地区独立出来，形成目前“四大板块”的大尺度空间区域格局，即东北地区（辽宁、吉林和黑龙江 3 省份）、东部地区（北京、天津、河北、山东、江苏、上海、浙江、福建、广东和海南 10 省份）、中部地区（山西、河南、湖北、湖南、安徽和江西 6 省份）和西部地区（内蒙古、新疆、陕西、甘肃、宁夏、重庆、四川、云南、贵州、广西、青海和西藏 12 省份）。其目的是揭示城乡区域经济综合竞争能力分布格局和地区发展差距的现状与原因，特别是城乡区域差距的最大方向（因为地区差距是矢量，其中必有差距矢量的最大方向，以便找出解决方案），以及造成这种差距的原因；同时，还要区别地区经济相对差距和绝对差距，前者是地区差距之比，后者是地区差距之差，实践证明，缩小地区间相对差距并不容易，而缩小地区间绝对差距则更加困难。

此外，中国还设立了各种中小尺度空间区域的开发区、高新区、自贸区、产业园区、特色农业产业园区等，目的是探索经济发展和改革开放的新模式，以便促进经济的进一步健康快速发展，进一步提高国家治

理能力，完善国家治理体系。还有一种探索解决“问题区域”的试验区，如老少边穷衰地区（应该指出，随着中国第一个百年目标的实现，目前已不存在赤贫地区了，各地区基本达到了小康水平，因此“穷”字可以取消了）。

当然，作为区划的手段还有许多，不同目的可以划分不同的多层次城乡区域经济体系（或其他类型的空间区划体系），只要能自圆其说就都是应该认可的，由于篇幅所限，这里就不一一论述了。另外，不同角度的城乡区域经济体系的区划方案是可以相互联系和支持的，是可以相互利用和交叉使用的，以便能更好更全面地从多角度分析和说明复杂的城乡区域经济问题。在此，需要指出的是，为了研究便利起见，还可以将多层次城乡区域经济体系不失一般意义地、人为地划分为大尺度、中尺度和小尺度三类，以便集中各层次的中心问题以求得这些问题的集中有效解决（如上所述，区域层次也是无限可分的，而有限分层的办法将使理解和分析得到大大的简化）。还需要再次强调的一点就是，不同尺度的城乡区域经济有不同的功能和意义，存在着不同的问题和困难，同时也需要不同的针对性的政策和措施。下文按照自然地理特点，结合行政区划的统计便利制度安排，并以人为的小、中和大三个尺度划分的空间区域层次，来具体分析各层次城乡区域经济的现状与特点、面临的主要问题以及可能需要采取的政策和措施。

总之，无限可分只能采取从横向上划分有限数量的空间区域和从纵向上划分有限层次，才能有效和便利地进行各种分析。其中的原因，已经从数理分析和地理学原理等角度给出了令人信服的说明。另外，将这些原理落实在不同尺度和不同主要功能的多层次城乡区域经济体系的形成上，还需要结合地理学上对地理事物和现象特有的分析手段与方法。事实上，地理事物与现象“点线面”空间占用结构的分析方法和横向纵向“有限区块和层次”分析方法，是彼此相辅相成的，前者可作为后者划分的依据，而后者又可为前者的形成提供空间区域条件。将不同尺度和不同主要功能的多层次城乡区域经济体系，集中划分为大尺度增长均衡协调可持续发展格局和空间区域差异主要功能格局分析、中尺度城乡区域经济空间市场一体化主要功能分析，以及小尺度城乡区域分工合作主要功能分析，是现代经济学和现代地理学交叉学分支的一个重要成果。

第二节　基层小尺度城乡区域经济体系
——城乡区域经济分工协作及其原理

基层小尺度城乡区域经济体系，是指由经济活动的“点线面”基本空间占用形态，按照“以线串点、以点带面”结构方式有机组合而形成的最小区域单元所构成的城乡区域经济体系。一般来说，经济活动“点线面”三要素组合形成的最小空间区域单元就是基层小尺度空间区域单元，大多数国家这样的基层空间区域单元就是县域（或郡域，如英国）。其基本特点就是，以中心城市为核心、以县域为基本空间区域单元、遵循城乡区域分工协作的基本规律，形成以区域分工协作为主要功能的基层小尺度城乡空间区域经济体系。

一、基层小尺度县域经济的基本内涵

从纯粹空间区域角度看，基层县域可以理解为以中心城市为核心（可以是各种大都市、地级市、县级市和县城等），以人类步行来回一天的路程为限的空间区域范围（古代划分县域的基本标准沿用至今，同时也考虑其他一些客观的地理要素），大约是半径 30 千米 ~ 35 千米的范围（实

体城市的半径基本都在16千米以内）。事实上，中外各国县域划分大体都以此为主要划分依据，并且都是从上古传承下来的做法（美国的行政区划的界线按经纬度划分可能是个例外，但县域区划也大体沿用这一做法）。

作为基层空间区域单元，县域“点线面”空间结构大体如下：“点”状城乡居民点体系，是由一个中心城市（或若干个小组团组成的中心城市）为核心、包括若干个建制乡镇和众多的行政村和自然村组成的居民点体系；“线”状立体交通网络体系，最完善的体系为包括中心城市之间（与其他县域的中心城市之间）的“线性直线三角形”交通网络、各乡镇之间“线性直线三角形”交通网络和各行政村（和自然村）之间“线性直线三角形”交通网络（为解决层次之间的交通联系，可以将上一级居民点下算一级）组成的多层次立体交通网络体系；“面”状的农业、矿业和生态用地，包括农田生产、矿点矿山矿区生产体系（其矿城居民点可纳入城乡居民点体系）和未利用土地自然生态空间体系等。

一般来说，基层县域区划是覆盖全部国土面积的，而众多的基层县域城乡区域，按照其资源比较优势和产业经济发展特点，大体上可以分为两大类：一是都市县，即主要产业已经发展成为以非农制造业和服务业为主，其实体中心城市人口超过70%以上，建设用地超过10%，如首都都市县、省会都市县、地级市都市县、县级市都市县等（都是地级及以上城市和部分县级市，这些都市县都是从理论分析上划分，要与实际的中国“市管县”的管理体制相区别，同时两者也并不矛盾），是一个国家和地区工业化城镇化的主要承载者。二是农业矿业县，即以农矿业及其初级加工业为主的县域，其中农业县最终的发展形态是现代化农业和农产品高水平加工县，矿业则呈散点状分布于城镇乡村中，其最终形态将随自然资源枯竭后或转型为城镇乡村居民点，或转型为农田生态用地等。因此，所有县域发展的最终形态无非是以制造业为主的现代化都市县或者以农业及其产品加工业为主的现代化农业县。

二、基层小尺度县域经济发展的基本规律

众所周知，在现代市场经济条件下，城乡区域经济遵循着按照区域比较优势的分工合作发展的基本规律（当然，分工合作本身也可以产生经济效益，只是建立在比较优势条件下的分工合作关系可能更好地发挥其作用，因此在一般条件下，区域分工合作仍然表现为区域比较优势带来的结果）。就小尺度县域经济发展而言，与其有关的经济地理发展规律主要有以下两条。

一是城乡区域分工程度与其规模层次呈反比规律。即城乡区域经济规模层次越低，其分工程度越高（指区域分工横向产业分工距离越远和纵向产业内部深度越大），也就是说县域分工程度高于地域、地域高于省域、省域高于国域等。所以，县域之间的分工是最大的也是最深的，是工业、农业大部类之间的分工，是城乡和工农之间的分工，是经济结构中最大最深的分工体系；地域和省域之间的分工主要是地区产业结构的异同，包括一定程度上的纵向产业结构的不同；而国域之间的分工，特别是大国之间，主要是纵向产业深度上的不同（或发达与不发达之间的差异）。

二是“二八”县域经济分工原理。西方发达国家县域经济产业结构分类表明，在整个县域总数中，以非农制造业为主的县域，即都市县，占全部县域总数的比例大致为 20%，而剩下 80% 的县域均为以农业为主的县域，即农业县。这就是著名的“二八”县域经济分工原理。如美国有县域行政区划单位 3143 个，而以非农产业为主的都市统计区为 592 个（相当

于中国地级及以上城市），也就是说，其都市县占全部县域总数的比重大体为20%，其余80%的县域均为农业县，当然，其农业县均为已实现现代化的发达农业及农产品加工业县。再看英国，以英格兰为例，相当于郡域的行政区划有41个，包括1个伦敦首都郡域（含33个城区）、6个都市郡域（含36个城区，相当于中国的地级市所在县域）和43个郡域（含46个独立城区和1个特别行政区），由此可以算出其都市郡域大体占整个郡域的20%，其余郡域均为现代化农业郡域。再看日本，同样如此，日本县域行政区划单元有47个都道府县（1都1道2府43县），有8个大区（对应8个都市），可见其都市县也大约占全部县域的20%，其余也均为现代化农业县。

与“二八”县域经济分工原理有关的一个延伸规律，就是“点线面”内部存在着进一步的分工合作关系。如“点”状的各规模居民点之间存在的分工关系：一般而言（以中国城市为例），首都中心城市和直辖市中心城市主导产业分工为控制资源配置的高端服务业和驱动未来新产业发展的高端研发活动，副省级中心城市和省会中心城市主导产业应该是各类先进装备产品制造业，地级中心城市主导产业主要为量大面广的一般产品制造业，县级中心城市主导产业应该是农副产品加工和制造业等；“线”状的各交通网络和通信设施的分工体系，即江河湖海水运、公路运输、铁路运输、航空运输和管道运输等，以及邮政和电信邮件信息传输等分工协作；“面”状的农田、矿山和自然生态用地内部的不同分工，即种植业、果园、草原牧业、林业等，煤矿、金属矿、非金属矿等，森林、草原、湖泊、湿地等（见表2-1）。

表 2-1 以县域为基本单元构建多层次城乡区域分工协作新体系（以中国为例）

各层次区域	范围	区域分工协作	占比或数量	未来发展方向
县域（基本区域单元）	中国有 2800 多个县级行政区划单元	都市县和农业县	都市县 20%；农业县 80%	现代都市县和现代农业县
都市县	20 万人口以上城市所在县域	制造业和服务业	20%	制造业和服务业现代化都市县
超大都市县	首都和直辖市都市县	经济要素资源配置中心；现代高端服务业，如金融业、高等教育、技术研发、文化创意产业、大型物流及交通枢纽等	1%	—
大都市县	副省级城市和省会城市都市县等	各类装备制造业	2%	—
中都市县	地级都市县和未来有可能成为地级市的县城等	一般产品制造业	6%	—
小都市县	县级市和县域	能源原材料产业、零部件配套产业以及非农产品制造业	12%	—
农业县	农业为主的县域	各种形态的农业生产及农产品加工制造业	80%	以家庭农场为主的现代化集约高效农业、农产品加工制造业和农业服务业县
县城	农业县的县政府所在地	从事农产品加工产业、部分涉农物资产品制造业和服务业	80%	—
种养县	—	—	45%	—

续表

各层次区域	范围	区域分工协作	占比或数量	未来发展方向
林业县	—	—	5%	—
牧业县	—	—	20%	—
渔业县	—	—	5%	—
其他特色农业县	—	—	5%	—
都市圈（都市县及所管辖的农业县）	相当于中国地级及以上市	城乡区域一体化	300 多个	600 多个
超大都市圈	首都和直辖市	资源配置中心和高端服务业	—	—
大都市圈	副省级和省会城市	装备制造业中心	—	—
中都市圈	地级城市	一般制造业基地	—	—
小都市圈	县城和建制镇	农矿原料生产和提供基地	—	—
城市群	3 个及 3 个以上都市圈	—	20 多个	70 多个
城市集群（绵延带）	城市群的集群；相当于中国跨省区的一级综合经济区	—	5 个	7 个
矿产采掘业分布	各都市县和农业县；随机性、偶然性和遍在性	辅助性产业	—	可能枯竭，不能作为区域长期分工的依据

资料来源：作者整理。

三、基层小尺度县域经济发展面临的主要问题和可能的政策措施

基层县域经济体系是整个多层次城乡区域经济体系的基础，也是整个经济、产业、城乡和区域健康快速和可持续发展的基础。分析其面临的主要问题和政策措施，需要从城乡区域经济的“点线面”结构入手。

一是“点”状城乡居民点体系发展面临的主要问题和可能的政策措施。县域城乡居民点体系的问题主要有城镇化水平是否完成历史任务、城镇体系和乡村居民点体系是否合理（包括规模结构和分布格局）、各层次城乡居民点分工协作体系是否完整合理、县域城乡居民点是否协调和可持续发展，以及城乡居民点治理体系是否先进和完善等。可能的政策措施包括：就县域城镇化而言，对都市县要求城镇化水平达到 90% 以上，农业县也要达到 60% 以上；就县域城镇化体系和乡村居民点体系而言，为实现城镇建设的现代化需要做到中心城区人口占全县人口的 70% 以上（都市县）和 50% 以上（农业县），乡镇居民点人口应该达到 20%（都市县）和 10%（农业县）左右，而建制村和自然村实现由多户家庭组成的农村居民点向规模化集约化的单个家庭农庄的转变，从根本上实现农业的现代化；就县域城镇居民点分工协作而言，如果是都市县，则其中心城市的主导产业应该遵循上一节提出的按照城市规模或行政级别所决定的产业来安排，如果是农业县，则其主导产业就应该以当地农产品为原材料开展农产品加工和制造业的生产；就县域经济协调和可持续发展而言，要促进城乡市场一体化、城乡经济融合发展、构建城乡统一共享的公共基础设施和生态环境保护措施；就促进城乡居民点治理体系完善和先进而言，主要是在坚持“市管县”的体制下，逐步统一城乡制度，构建城乡统一的社会保障体系、实施城乡人口自由迁徙制度等。

二是“线”状立体交通运输体系发展面临的主要问题和可能的政策措施。县域立体交通网络涉及中心城市、建制镇和行政村自然村三个层次，

面临的主要问题是“断头路”（即两个城乡居民点之间直线连接存在着断点无法直接到达）和“缺边路”（即两个城乡居民点之间缺乏直线连接线路，必须通过第三个城镇居民点才能到达）。可能的政策措施就是，建设和完善具有顶层设计的县域中心城市、建制乡镇居民点和行政村自然村三个层次的“线性直线三角形”交通网络体系。就中国而言，公路交通的短板主要体现在县以下的乡村公路上，是未来努力的方向。

三是“面”状农田、矿山和自然生态用地发展面临的主要问题和可能的政策措施。县域“三农”主要面临的问题有集约化、适度规模化和现代化，矿山主要面临资源枯竭以及生态破坏问题，自然生态用地主要面临保护和改善问题。可能的政策措施：就“三农”而言，主要是构建以家庭农庄为主的集约化现代化体系；就矿山开采而言，主要是保护性开发（尤其是尽量延长不可再生资源的开采年限，保障可再生资源的开采速度和强度在其再生循环速率以内）、循环性开发、绿色可持续性开发以及事后一系列生态恢复保护措施；就自然生态用地而言，首要是保护，要因地制宜“宜林则林、宜草则草、宜荒则荒”，其次还要对一些有害的自然生态环境实施必要的改造，如严重灾害产生地（如干旱地区、水土流失地区、洪涝灾害河流地段等）、严重传染疾病发生地（如鼠疫易发草原地区、各种病毒流行易发地等）以及工程性灾害易发地（如地质灾害易发地、交通水利工程易受破坏地等）等。

第三节　中层中尺度城乡区域经济体系
——城乡区域经济一体化及其原理

中层中尺度城乡区域经济体系，是指由各类县域为基本单元而形成的地（市）域到省区之间的城乡区域经济体系（各国都有与中国空间区域类似的中尺度空间区域）。众所周知，县域经济包括都市县和农业县两个基本类型（矿业随自然资源分布而散布在各城乡区域之中）。这些县域并不是任意分布的，而是围绕着各级中心城市和中心城市所在县域有序组合分布在一起的，即一个中心城市和其所在的县域组成都市县，每个都市县与周边的若干个以农业为主的县域共同组成一个地级市行政区划单元，在中国这就是地级市行政区划单元（美国称为都市统计区，英联邦中的英格兰称为地方大区，日本也称为地方大区）；而且，两个及以上都市圈可以组成城市群，两个及以上城市群可组成城市集群（又称城市绵延带），由此构建更高级别的城乡与经济层次。

一、中层中尺度城乡地（市）域省域经济的基本内涵

中层中尺度的城乡地（市）域省域经济具有两个明显的经济地理特点，即“双全理论”：一是产业结构相对齐全，也就是说城镇产业体系和农矿产业体系均有（县域就不一定），工农产业体系均具备；二是不仅“点线面”空间区域占用类型缺一不可，而且土地利用类型也比较全面，如城镇建设用地、农业生产用地、交通水利用地和自然生态用地等都或多或少具备。因此，中尺度的城乡地（市）域省域经济，可理解为在县域产业分工的基础上，其发展的主要功能和任务是构建空间产业和市场一体化体系，以实现城乡区域分工可能带来的巨大经济效益。

中层中尺度城乡地（市）域省域经济一体化功能可以进一步分为以下层次，即以地级市及以上中心城市为核心的都市圈经济产业和市场一体化（即中国的地级市及以上行政区划区域，包括首都和直辖市都市圈、副省级和省会城市都市圈、地级市都市圈等）、城市群经济产业和市场一体化（包括两个及以上都市圈组成的区域）以及城市集群经济产业和市场一体化（包括两个及以上城市群组成的区域）。

二、中层中尺度城乡地（市）域省域经济发展的基本规律

中层中尺度城乡地（市）域省域经济发展的基本规律包括以下两条：一是城乡区域经济硬件基础设施互联互通，即都市圈、城市群和城市集群城乡居民点之间的“线性直线三角形”顶层设计式的互联互通；二是城乡区域经济市场一体化软件规则标准和政策互联互通。

就交通通信硬件基础设施互联互通而言，主要遵循各层次城乡区域居民点之间“线性直线三角形”互联互通，各层次之间通过上一层次居民点纳入下一层次居民点构建体系，由此构建城乡区域整体无缝隙、无断头和无缺边的线路最短、最便捷、最经济的硬件互联互通体系。

就空间市场一体化软件规则标准和政策互联互通而言，主要包括多地区间或双边地区间，在产品和服务市场上，在产品和服务标准上的互认（由于种种客观原因可以有所区别）、产品和服务检测质量认定上的互认（避免重复检测），以及产品和服务跨边界流通中无成本或低成本相互开放等软件政策；在要素市场上，在构建全国基本统一的社保体系和社会政策体系的基础上，实现国内生产要素的自由流动、本地外地生产要素一视同仁的软件政策。

总之，中层中尺度城乡区域经济发展的基本规律和主要功能，就是在基层城乡区域经济分工合作的基础上，构建城乡区域间空间市场硬件软件的一体化，以确保市场分工合作效益的有效实现。

三、中层中尺度城乡地（市）域省域经济发展面临的主要问题和可能的政策措施

中层中尺度城乡地（市）域省域经济发展面临的主要问题包括以下三

方面：一是工业化城镇化水平尚有发展空间（中期或中后期），还没有完成历史任务；二是地级及以上城市数量不足，城镇文明还没有或难以覆盖整个国土空间区域；三是由地级及以上实体中心城市、都市县、都市圈、城市群和城市集群组成的城镇体系尚有待完善。

面对这些主要问题可能的政策措施如下：就工业化城镇化尚未完成历史任务而言，要强调以经济建设为中心的新发展理念，进一步加强以实体经济为主的全面发展，从经济体系全面补短和各类产业全面技术升级（尤其是数字信息化改造）两方面入手，通过走新型工业化和新型城镇化道路，促进制造业信息智能化、农业现代化和城镇建设智慧化，在达到高度工业化城镇化水平的同时，更加注重其高质量现代化目标的跨越实现，以便于到 2050 年全面赶上当时发达国家的水平。

就地级及以上城市数量不足而言，2020 年我国地级及以上城市有 337 个（333 个地级市加 4 个直辖市），而我国县级行政区划单位是 2844 个，按照前述“二八”县域经济分工原理，中国的都市县（或圈）应该达到 600 个左右。因此，今后中国地级及以上城市数量至少还需要增加一倍，才能实现“二八”县域经济分工原理的要求。

就地级及以上实体中心城市、都市县、都市圈、城市群和城市集群组成的城镇体系尚有待完善而言：一是要逐步有序增加地级及以上城市和相应的都市圈的数量，并争取逐步实现城市经济社会对全部国土的辐射和影响；二是积极发展以平原地区为主要集聚空间的城市群和城市集群，努力打造更多的城乡区域经济增长点（或增长极）；三是落实“以点带面、以城带乡”的城乡区域一体化先进理念，进一步完善和提升城乡区域经济一体化软硬件体系和对策措施（特别需要强调的是，尽快开展都市圈和城市群内部各居民点之间的快速轨道交通体系，这是发达国家都市圈和城市群基础设施的标配）。

第四节　高层大尺度城乡区域经济体系
——城乡区域经济发展总体格局及其原理

高层大尺度城乡区域经济体系，是指以省区为基本区域单元组合形成的城乡区域经济体系。其主要反映整个国土空间区域发展总体格局，包括城乡区域经济综合竞争优势、城乡区域均衡协调发展能力和可持续发展特点的城乡区域经济体系等；主要揭示国家城乡区域经济整体发展状况以提升地区综合竞争能力、调控地区发展不均衡以及促进地区资源生态环境可持续发展等。

一、高层大尺度城乡跨省区经济的基本内涵

各国高层大尺度城乡跨省区经济以省域为基本空间区域单元（省域为中国说法，美国为州，英国和日本为大区），以整个国土区域总体态势，即综合区域竞争优势、区域均衡协调发展和可持续发展为核心、以城市集群为特点的高层大尺度城乡区域经济分布体系。具体区划方法为，以大型地形地貌和山川河流走向为依据，按照经济活动在整个国土空间区域上表现出来的总体发展态势、水平和结构格局、综合竞争能力、未来发展潜力、趋势等（现多以城乡区域人均 GDP 水平和 GDP 空间区域密度指标来表示），来划分高层大尺度空间区块和地带体系，以综合反映自然地理环境、条件对人类经济活动和经济地理分布格局的客观而重大的影响，同时也集中反映出一国或地区城乡区域经济总体格局和未来发展的基本态势。在此，必须指出的是，这种影响是否就能够导致地理环境决定论的结果，却是未必的。因为无论如何地理环境只是影响经济活动和布局的因素之

一，人类的技术进步、经济发展阶段以及经济制度的选择也起着不可忽视的作用。

二、高层大尺度城乡跨省区经济发展的基本规律

首先，城乡区域经济综合竞争优势，需要遵循城乡区域经济发展的“核心—外围”理论和“增长极”理论的基本原理。事实上，任何空间区域，尤其是高层大尺度区域，其综合竞争优势主要取决于区位条件最佳的核心地区，即所谓“增长极”地区，整个区域综合竞争优势和区位条件呈现为由“核心”地区“增长极”向四周“外围”地区递减的分布态势。具体而言，各地区综合竞争优势和区位条件则取决于该核心地区（或增长极）所具有的“外围”腹地空间大小、气候地形地貌条件、资源丰富程度以及区域开发历史和技术水平（含一些制度因素）等。该“核心—外围”地区综合竞争优势，最终决定了该地区在整个国土空间区域中的地位和作用。

其次，城乡区域经济均衡和协调发展，需要遵循城乡区域经济总需求与总供给均衡原理和城乡区域经济发展不平衡控制在社会能够承受的范围之内的基本原理（否则城乡区域经济体就会崩溃）。众所周知，在现代市场经济条件下，由于资源生态环境条件的地区差异、区域开发历史过程和路径上的差异，以及各地区区域分工协作和市场一体化地位的不同，城乡区域经济发展的增长格局、总量分布和人均水平都呈现出巨大的差异，这是十分正常和可以理解的。一般认为，只要给予足够长的时间，市场体系自身的调节机制是可以逐步实现城乡区域经济均衡和协调发展的。但遗憾的是，实践表明由于市场体系调节机制的能力有限、调节时间太长，往往是均衡和协调目标尚未得到有效实现，而城乡区域经济运行已经出现了明显的失衡和不平衡现象，并已威胁社会稳定。因此，为避免这种现象的发生，政府的及时有

效干预就成了必然的选择。政府要及时通过“有形之手”，采取一系列财政、金融和社会政策，努力实现城乡区域经济均衡和协调发展的目标。

城乡区域经济的均衡和协调发展既紧密相连又有所不同。城乡区域经济均衡发展，是指总需求与总供给在城乡区域经济运行中实现大体均衡的目标状态（包括要素配置基本合理、潜在增长率得以实现、充分就业目标实现、城乡区域间要素与产品自由流动基本实现、各地区经济发展水平大体相当等），其主要实现机制是不断提高城乡区域间要素市场和产品市场一体化的水平和程度。政府的责任在于，不断完善和加强城乡区域经济一体化的软硬件条件建设，促进空间区域市场一体化程度的不断提升。如美国鼓励人口向大都市圈、城市群和城市集群集中的政策（包括向这些地区的郊区集中的政策），促进了人口和资源同向流动，有利于区域均衡发展，也有利于农业县的进一步集约均衡发展。英国特色的区域就业均衡发展，旨在消除英国各地区失业率的差异，促进区域间失业率均衡干预目标的实现。再比如，中国放开农民工跨地域流动的政府干预机制，使大量农村剩余劳动力得以实现规模化的跨区域流动，有效促进了中国城乡区域经济均衡发展。

城乡区域经济协调发展，是指在城乡区域经济分工协作和市场一体化的基础上，实现各地区经济发展水平大体一致的目标状态。各国实践表明，城乡区域经济发展水平大体一致的目标包括城乡之间人均 GDP 相对差距在 1.2 倍以内，区域之间人均 GDP 相对差距保持在平均水平的上下 70% 的范围之内（相当于人均 GDP 最高水平的地区与最低水平的地区之比在 1.86 倍以内，城乡区域之间的绝对差距没有客观标准）。目前，这样一个具有国际惯例的目标，在西方发达国家已经基本实现，而包括新兴市场国家在内的其他所有国家都还没有做到，主要原因是建立完善的现代化市场经济体系需要一定的时间。

最后，城乡区域经济可持续发展，需要遵循将城乡区域经济发展对资源生态环境的不利影响控制在大自然能够承受的范围之内的要求（否则，大自然形成的资源生态环境体系就会崩溃）。人类与大自然共同组成了自然界最大的自然环境生态体系，人类不仅来源于自然，而且其生存和发展都有赖于大自然提供的资源、生态和环境条件。一般而言，人类的经济实力和技术水平都是在大自然提供的可能性条件和范围内实现的，在大多数情况下，人类的经济发展和技术进步对大自然利用和改造的力度是在大自然能够承担的范围之内的，是可以与自然生态环境和谐相处的，是能够做到可持续发展的，甚至在一定的条件下还能积极改善大自然的生态环境。当然，还应该指出的是，大自然生态环境的保护是具有公益性的，是政府的责任，需要政府的有力干预和积极作为。

三、高层大尺度城乡跨省域经济发展面临的主要问题和政策措施

如前所述，高层大尺度城乡区域经济总体格局需要有效市场和有为政府相互配合。然而，即使最佳的市场机制和政府干预还是不可避免地会出现市场失灵和政府失灵的问题。主要问题与对策如下。

（一）城乡区域经济综合竞争力难以发挥的问题与对策

主要包括两个方面的问题：一是核心增长极的区域功能定位有待与时俱进、中心能级有待不断提升以及辐射带动能力有待不断加强等；二是腹地比较优势需要不断挖掘和培养，努力创造新的比较优势，不断保持新的活力。

从强化城乡区域经济增长极的能级和作用看，主要措施：首先是根据

作为增长极的中心城市的规模大小、行政级别以及腹地经济产业结构特点和发展阶段来动态地确定主导产业，如果是首都中心城市或直辖市中心城市，则其定位应该是各种生产要素的资源配置中心、全国性科研创新机构以及国际性的金融贸易中心等；如果是副省级和省级中心城市，则其定位应该是为整个大区服务的先进装备制造业以及区域性科技创新中心等。其次是构建高层大尺度区域内完整的城镇体系，以奠定坚实的一体化城乡区域经济体系。在中心城市、都市圈、城市群和城市集群的基础上，进一步构建覆盖整个高层大尺度区域的城镇体系，并以此统筹整个城乡居民点体系建设，以促进城乡居民点的综合一体化发展。

从不断提升腹地比较优势来看，主要措施：首先是统筹高层大尺度区域内优势自然资源的开发规划，按照集约高效发展的原则，不断提高自然资源的综合开发利用水平。其次是不断完善重大跨地区基础设施和生态环境保护规划，以确保国土资源开发、利用和保护工作的顺利进行。

（二）城乡区域经济不均衡和不平衡问题与对策

就不均衡而言，面临的主要问题是城乡资源配置失衡、发达地区和落后地区资源配置失衡、重大跨区域基础设施建设失衡等。可能的对策：进一步强化生产要素的城乡区域空间市场一体化进程；进一步加大户籍、社保和其他社会福利等公共服务体系和制度全国统一和均衡化发展的步伐；进一步推进城镇化进程，大力加速农业发展和乡村建设现代化步伐，要以大幅度提升农业生产效率为核心尽快助力农业适度规模化、集约化和现代化目标的早日实现，并充分利用农业现代化的机遇，构建其与城镇工业化互促互进良性循环的城乡经济协调发展的新机制，为工业化和实体经济发展提供新的动力；进一步强化政府对区域经济健康运行的调控能力，要根据各区域资源禀赋和比较优势、地理区位条件和自然生态环境特点，以及人口经济社会发展状况，把握好区域间重大建设项目和总投资的均衡关系，努力改善区域间发展条件和分工地位不同带来的均衡发展问题（如区域性失业、地方资源过度开发、区域产能过剩、区域性价格波动和金融风险等）；进一步强化全国重大基础设施和重大生态环境保护统筹均衡合理规划和建设的能力，努力消除各地区基本公共服务不均衡现象，为畅通经济内循环打好更加稳固坚实的基础。

就不平衡而言，面临的主要问题是由于各地区区位条件、资源环境、经济社会和发展历程等不同，其在区域分工协作中的地位和作用也就不同，发展不平衡现象不可避免。城乡区域发展不平衡主要表现在城乡之间和区域之间的发展水平、总量和速度上，也表现在产业分工结构、空间布局类型、收入分配和社会公共福利等方面。城乡区域间各种经济社会指标的差异具有矢量特征，也就是说存在着最大的差异方向（按数学语言来说，就是存在斜率最大的方向），这是综合判断城乡区域差异的最佳指标，同时城乡区域差异还存在绝对差异和相对差异之分，一般多用相对差异来表示和说明。可能的对策：从供给侧看，主要是实施有助于提升落后地区自我造血功能的有关政策，如国家对落后地区的投资补贴和优惠政策、国家对落后地区的财政税收和政策性金融优惠政策等（中国还实行了具有本国特色、效果良好的区域间对口帮扶措施和政策）；从需求侧看，主要是实施城乡区域转移支付政策、公共服务均衡政策以及公务员收入逐步均衡化政策等。

（三）城乡区域经济发展不可持续问题与对策

就资源不可持续而言，面临的主要问题是不可再生资源的枯竭（事实上只是地壳内储量有限并会枯竭）、可再生资源的低效利用和浪费（以及由此导致的生态破坏），以及资源开采和利用的技术难度与成本越来越高等。可能的对策归纳起来就是“开源与节流”:“开源”包括对不可再生资源要不断寻找其新的来源(包括低品位和非常规能矿资源的开采和利用方法、地球深部和外太空的新来源、寻找和开发替代性资源、研发可能的人工制造方法等),对可再生资源则要不断研发其自然循环再生效率的技术等;“节流”则包括不断提高资源综合利用效率、开展资源的循环利用以及研发资源多样化的利用途径等。

就生态不可持续而言,面临的主要问题包括自然和人为因素引起的各种生态脆弱问题,如干旱半干旱地区的荒漠化、石漠化、植被破坏和水土流失、草原荒漠化以及各种气候和地质灾害等。可能的对策主要是:强化对大自然原始生态的被动性保护和主动性治理,强化对自然资源开发事前、事中和事后整个过程的生态保护措施和生态恢复工作的规划落实(包括建立各类自然保护区和国家生态公园,开展对山区林地围栏保护、对天然草原限牧或禁牧保护、湿地禁入禁捕保护,开展对沙漠地区的人工治理与开发保护,开展对黄土高原水土流失地区的工程性保护),控制城乡区域交通水利基础设施建设对生态环境的不利影响,强化植树造林草原恢复和生态绿化等人工生态保护工程的建设力度,强化对各种自然灾害的预警监测和应急处置方案系统的建设和完善等。

就环境不可持续而言,主要包括传统的环境要素污染问题和由温室气体排放引起的气候变暖问题。传统的环境要素污染问题包括大气污染物排放和大气污染、水体污染物排放和水体污染、土壤和生物污染问题,以及噪声、热辐射、光辐射、核辐射污染等问题。治理对策主要是“三管齐下”:建设项目的规划布局控制,通过经济结构合理调整和空间优化布局,以充分利用自然环境容量;经济活动的运行控制,通过生产活动中的能源原材料充分利用和污染物治理设备的应用,努力减少污染物的产生量;污染物的末端治理,通过对“三废”和固体废弃物的回收、循环利用,努力减少污染物的排放量等。最终环境污染治理效果的监督与判断是，各污染物或物理指标排放达标情况，以及环境中各污染物含量的达标情况，只有做到了两者都达标，才能认定环境污染治理达标（即双达标）。

参考文献

[1] 姜科，康松．基于区域经济差异视角下我国农村电商物流体系分析 [J]. 物流科技，2021，44（05）：86–88.

[2] 张嘉琪．陕西省交通运输体系发展与区域经济发展适应程度分析 [J]. 经济研究导刊，2021（04）：38–40.

[3] 邓艳芳．现代职业教育体系与区域经济的互动发展机制分析 [J]. 营销界，2020（22）：182–183.

[4] 何宏，俞东进，马国进．地方行业特色高校融入区域经济发展体系的实践分析 [J]. 中国高校科技，2020（Z1）：104–107.

[5] 刘蕾．基于多功能评价的大邑县乡村居民点体系优化研究 [D]. 西南交通大学，2019.

[6] 仉娜．区域经济与交通运输体系发展综合评价和适应度分析 [J]. 全国流通经济，2019（09）：90–91.

[7] 王志博．中国区域经济实现高质量发展的思路和政策——基于高质量发展的评价指标体系构建与分析 [J]. 全国流通经济，2019（06）：86–87.

[8] 张志彬．生产性服务业集聚、城市体系演变与区域经济增长——基于京津冀、长三角和珠三角城市群的经验分析 [J]. 湖南科技大学学报（社会科学版），2019，22（01）：67–74.

[9] 于建峰，曾俊伟，钱勇生，等．区域经济与交通运输体系发展综合评价和适应度比较分析 [J]. 铁道运输与经济，2019，41（01）：18–22.

[10] 张栋，高瑞，姚瑞平．河北省区域经济综合评价体系与实证分析 [J]. 现代商业，2018（14）：57–58.

[11] 陶德凯．基于农业现代化的平原地区乡村居民点空间重组研究 [D]. 华中科技大学，2018.

[12] 单雪竹．严寒地区农村居民点生态位适宜度评价及体系优化研究 [D]. 哈尔滨工业大学，2018.

[13] 王涛．东北严寒地区绿色村镇体系的系统构建及综合评价应用研究 [D]. 哈尔滨工业大学，2017.

[14] 洪志娟．威客活动水平的区域空间统计分析——从人力资本视角看区域经济发展失衡 [J]. 技术经济，2017，36（08）：85–91+100.

[15] 袁晓玲，景行军，赵志华，等．区域经济增长质量评价体系的构建——基于陕西省 1998—2014 年数据的实证分析 [J]. 统计与信息论坛，2017，32（06）：42–47.

[16] 秦春亚．区域经济发展与交通运输体系一体化分析 [J]. 北方经贸，2017（04）：55–56.

[17] 蒋海峰．区域经济发展与交通运输体系一体化分析 [J]. 技术与市场，2016，23（07）：348–349.

[18] 李健．创新时代的新经济空间 [M]. 上海社会科学院出版社，2016.

[19] 鄢浩．大城市近郊区乡村居民点空间布局研究 [D]. 重庆大学，2016.

[20] 王铂俊．大城市都市区乡镇农村居民点重组优化策略研究 [D]. 华中科技大学，2016.

[21] 曹亚丽．综合交通运输体系与区域经济的互动分析 [J]. 科技创新与应用，2016（11）：68.

[22] 王卫．城市交通与城市经济发展 [M]. 东南大学出版社，2016.

[23] 周毅 . 中国西部脆弱生态环境与可持续发展研究 [M]. 新华出版社，2015.
[24] 殷阿娜 . 中国开放型经济转型升级的战略、路径与对策研究 [M]. 新华出版社，2015.
[25] 郁鸿胜 . 城市标准调整对区域经济发展的动态交互作用——以长三角地区城镇体系布局与人口流动的影响为例 [J]. 上海城市管理，2015，24（01）：62–66.
[26] 蔡之兵，张可云 . 区域的概念、区域经济学研究范式与学科体系 [J]. 区域经济评论，2014（06）：5–12.
[27] 孟凡浩 . 富锦市城乡居民点体系优化研究 [D]. 东北农业大学，2014.
[28] 杜蕾 . 黑龙江省垦区与农区居民点体系对比研究 [D]. 东北农业大学，2013.
[29] 张晓明 . 高速城市化时期村镇规划的区域性研究 [D]. 清华大学，2013.
[30] 洪世键，张京祥 . 城市蔓延机理与治理 [M]. 东南大学出版社，2012.
[31] 袁龙 . 基于城乡统筹的安康市城乡居民点体系重构优化研究 [D]. 西北大学，2012.
[32] 朱永华，王佐民，王倩，等 . 中小企业服务体系促进区域经济发展的实证研究——基于中国东中西部 3 个典型城市的数据分析 [J]. 华中农业大学学报（社会科学版），2011（05）：98–101.
[33] 程惠芳，唐辉亮，陈超 . 开放条件下区域经济转型升级综合能力评价研究——中国 31 个省市转型升级评价指标体系分析 [J]. 管理世界，2011（08）：173–174.
[34] 马静 . 城乡一体化导向下白水县域乡村居民点体系规划策略研究 [D]. 西安建筑科技大学，2011.
[35] 曾国平，罗航艳，曹跃群 . 中国农业经济增长的空间分布及相关性——基于 31 个省区 1985—2008 年的面板数据分析 [J]. 湖南农业大学学报（社会科学版）,2010,11（05）：1–6+37.
[36] 杨修志，潘庆，张王燕，等 . 济南都市圈城市体系规模等级结构与区域经济联系强度分析 [J]. 国土与自然资源研究，2010（03）：29–32.
[37] 郝大江 . 区域经济增长的文化向度回归——基于“非均质文化”假设的空间建模分析 [J]. 财经研究，2010，36（08）：26–35.
[38] 贾琦 . 咸阳市城乡统筹规划的内容与方法研究 [D]. 西北大学，2010.
[39] 曾小平 . 基于地区差距指标体系的东、中、西部区域经济差距的实证分析 [J]. 开封大学学报，2010，24（02）：5–9+23.
[40] 张茜 . 综合交通运输体系与区域经济的互动分析 [D]. 大连理工大学，2009.
[41] 于潇 . 浅析区域经济利益在区域划分中的实现 [J]. 学理论，2008（12）：48–50.
[42] 李颖 . 环渤海地区城市体系对区域经济发展的影响分析 [D]. 河北大学，2007.
[43] 曾小平 . 区域经济可持续发展指标和评价体系的研究分析 [J]. 经济师，2007（04）：269+271–272.
[44] 郭喜才，郭敏，秦志宏 . 金融体系分析视角下内蒙古金融对区域经济发展的影响 [J]. 内蒙古财经学院学报，2006（04）：73–78.
[45] 田丰 . 从 WTO 争端解决机制角度分析多边贸易体系和区域经济组织的互动 [J]. 财贸经济，2006（08）：72–76.
[46] 张彩英 .“十一五”时期促进我国区域经济与社会协调发展的财税政策 [J]. 税务研究，2006（02）：16–19.
[47] 涂淑丽，陈斐 . 区域经济分析中的 GIS[J]. 中国物流与采购，2005（22）：60–62.
[48] 涂淑丽，陈斐 .GIS 在区域经济分析中的应用 [J]. 理论导报，2005（11）：26–27.
[49] 刘勇 . 中国新三大地带宏观区域格局的划分 [J]. 地理学报，2005（03）：361–370.

[50] 刘承良，朱俊林，徐亮．我国物流产业基本经济活动空间格局分析 [J]. 资源开发与市场，2004（03）：170–172.
[51] 保建云．区域经济运行中资源地域空间配置研究——一个数理经济学的理论分析框架 [J]. 哈尔滨工业大学学报（社会科学版），2002（01）：62–66.
[52] 李耀武．区域城镇体系规划的几个问题 [J]. 武汉城市建设学院学报，1997（03）：25–30.
[53] 陈田．我国城市经济影响区域系统的初步分析 [J]. 地理学报，1987（04）：308–318.

第三章

经济活动的基层小尺度空间区域分析

基层小尺度（县域）城乡区域经济体系，是指建立在最基本的城乡区域经济单元“县域”基础上的城乡区域经济体系。作为基层小尺度空间区域的“县域”，在中外各国行政区划体系中都是普遍存在的，但名称各有不同：在中国、美国和日本被称为“县”，在英国被称为“郡”，在法国被称为“省”等。基层小尺度（县域）城乡区域经济体系遵循的是发挥比较优势的分工合作原则，主要功能是承担城乡区域经济分工协作的基本职责，是各国经济发展在空间区域格局上的结构基础和起点。

第一节　基层小尺度（县域）城乡区域经济体系的形成与分类

基层小尺度（县域）城乡区域经济体系，即县域经济体系，是由所有类型的县级行政区划单元的区域经济所组成的，与目前中国学术界将县域经济仅理解为以农业为主的区域经济的概念是不同的。其涵盖了一般县域、县级市、设区城市的县域性郊区以及设区城市中心实体城区所在县域性范围（通常由若干紧密联系在一起的若干中心城区及其所辖的乡镇组成，主要是为了便于分析）等各种形态的县域行政区划单元。一般认为，县域承担着城乡区域经济深度分工与城乡融合协调发展的功能，遵循着“二八”县域经济分工原理和城乡一体化规律，在城乡区域经济体系中，具有基层“点线面”区域结构的基础性、地区性和融合性的特点。

县制起源的萌芽在中国最早可以追溯到原始社会的部落联盟，其后不断演变为夏朝的万个方国、商代的三千方国、西周的八百封国采邑等形态。从文字的起源看,"县"者"悬"（吊挂）也，最早见于西周时期的"乡遂制"（见《周礼》），其中的"遂"是指王（都）畿之周边地区为奴隶和百工居所设立的地域管理机构，所谓"五鄙为县，五县为遂"，"一遂"为1.25万户。

但真正的县制，也就是国君直接治下的地方性行政区域单元，则起源于春秋中期。公元前704年（周桓王十六年、楚武王三十七年），楚武王灭权国置权县（今湖北省当阳市），命大夫斗缗为县尹，史称中华第一县。公元前688年（秦武公十年），秦武公灭冀戎置冀县（今甘肃省甘谷县），派人直接管辖，同年，楚文王灭南申国置申县（今河南省南阳一带），灭国置县，开启了中国县制的漫长历史；晋国、齐国等纷纷效仿，一些没落贵族的封国被收回置县。秦始皇统一六国后，在全国统一推行郡县制，一直延续至今。

千百年来，虽然县制没有发生多大的变化，但其治下的县域经济却发生了翻天覆地的变化，其中最主要的变化，就是由完全的农业（包括矿业）经济形态发展到现代农业县和现代非农业都市县两类具有顶层设计和终极性质的县域经济形态。农业与工业是产业经济的主要分工形态，相应地，城乡分工则是区域经济的主要分工形态，因此城乡区域经济分工体系就成为一切类型的经济分工的主要承载体（包括以劳动力为主的生产要素的分工、产业体系的分工、空间区域的分工等；事实上，区域空间范围尺度越大，区域分工程度也就越低）。

从一般经济地理学的角度看，县域经济形态演化的大体过程可以作如下描述：最初的县制都属于农业县（包括边境具有防御功能的县），随着人类生产力水平的发展，出现了第一次社会大分工，产生了农业内部的种植业和畜牧业，相应地在农业县内部出现了农耕县与畜牧县的分工；随着人类生产力的进一步发展，又出现了第二次、第三次社会大分工，即手工业与农业分工、农业手工业与商业的分工，在原始农村聚落中产生了脱离农业生产的手工业和商业居民，并逐步形成了定期或不定期的聚落市场，为农业县向非农业都市县演变奠定了产业基础。但是，作为非农产业占主导地位的非农都市县，则是经历了原始火力、畜力、风力和水力的应用，直到第一次工业革命后才最终形成。经过两百多年的工业化发展和演变，无论是发达国家还是发展中国家，都在不同程度上建立了比较完善的非农都市居民点体系，其中发达国家非农都市居民点体系已经成熟，80% 的农业县也实现了包括机械化在内的现代化，基本形成了对发展中国家具有借鉴意义的“二八”县域经济分工体系。广大的发展中国家（包括中国在内），尚没有完成非农业都市县数量的占比要求，特别是农业县现代化的历史任务也尚未完成，因此发展中国家的县域经济分工协作体系的发展和完善还任重道远。

无论是农业县还是非农业都市县，随着经济和科技的发展，其内部的分工合作关系不断深化，形成越来越复杂的城乡区域体系。这里需要特别说明一下矿业发展与分布的情况。矿业具有随自然资源分布而分布的特点，其布局形态也随自然资源分布形态的不同而不同。总体看，矿业的分布具有分散性的“点”状和“面”状分布特征，并随机与各类城乡区域经济的“点线面”分布形态相结合起来，使一些城乡居民点、农田和生态用地具有矿业的产出特点，这可以看作是城乡区域经济的附加惊喜，也是专业化的矿业城市形成的根本原因。但是，对于不可再生资源而言，矿业城市不可避免地会出现资源枯竭问题，其分布具有较大的不确定性。因此，对矿业的布局或资源性城市的分布，可以做特例考虑，并且其分布与布局并不会对城乡区域经济的“点线面”基本布局产生影响。

第二节　农业县内部分类及特点

一、中国

截至2020年年底，中国县域行政区划单元数量达2844个，包括市辖区973个、县级市388个、县（自治县、旗）1483个。县域平均人口和国土陆地面积分别为49.64万人和3375平方千米；作为非农都市县的地级市数量为333个，仅占县域总数的11.7%，远低于发达国家20%左右的占比，说明中国非农都市县（即地级市）还有巨大的发展空间。如果将973个市辖区中除中心城区的市辖区依然看作农业县，那么中国仍然有多达2000多个农业县。这些农业县内部进一步分工可形成许多专业农业县，如南方的水稻县、北方的小麦县、西部的小米县，还有山区的林业县、青藏高原的青稞县等；北方的牧业县、沿海地区的渔业县、新疆的棉花县、东北的北方水稻县和大豆县；各地的特色农产品县、牧业县细化为草原的羊牛马县、农耕区的鸡鸭猪县、湖区的渔业县等。

中国农业县的基本特点如下：一是农业县的国土面积和人口差异比较大，如国土面积较大的农业县（不包括市辖区）有新疆巴州的若羌县（20.23万平方千米）、新疆巴州的且末县（13.87万平方千米）、西藏阿里地区的改则县（13.56万平方千米）、青海海西州的格尔木市（12.35万平方千米）和西藏那曲市的双湖县（11.66万平方千米），面积较小的有山东烟台的长岛县（55.96平方千米）、浙江舟山市的嵊泗县（86平方千米）、甘肃临夏州的临夏市（88平方千米）。人口较多的农业县有广东揭阳市的普宁市（247.44万人）、安徽阜阳市的临泉县（229.53万人）和广西贵港市的桂平市（203.42万人），人口较少的有新疆博尔塔拉蒙古自治州的阿拉山口市（0.19 万人）、西藏阿里地区的札达县（0.78 万人）、西藏阿里地区的日土县（0.91 万人）和西藏阿里地区的普兰县（0.99 万人）（人口为 2019 年数据）。二是普遍以承包形式的小农经济，尚未实现农业现代化，农村人口占比较高。三是县域数量占比近 90%，农业内部分工尚需要进一步深化，农产品加工也需要进一步加强，农产品产值与农产品加工产值的比重需要进一步提高。

二、美国

美国县级行政区划单元达 3143 个，包括 3007 个县、阿拉斯加的 30 个 Borough（城堡区）、路易斯安那州的 64 个 Parish（教区）、弗吉尼亚州的 38 个 Independent City（独立市），以及 4 个特区，不包括其他海外领地，县域平均人口和国土陆地面积分别为 10.40 万人（仅为中国的 21.0%）和 2982 平方千米（为中国的 88.4%）。2013 年美国国家行政和预算局划分了 1098 个大小都市统计区（相当于中国的地级市），其中以非农都市县为核心的大小都市统计区数量为 592 个，占美国县域总数的 18.8%，基本符合“二八”县域经济分工原理，表明美国的工业化、城镇化进程基本完成。美国现代化农业县大约为 2551 个。美国的农业县已基本实现现代化，其中 20% 左右的大型规模化商品农户或农庄，为美国和世界市场提供了丰富的农产品，其余 80% 的农户多为自给自足的休闲式农业庄园，对农产品市场的贡献不大。美国的农业县分工十分成熟，形成了以下农业生产分布区：一是美国东北地区和五大湖地区是著名的乳畜牧带，主要生产牧草及肉禽蛋奶、大龙虾和蚌类、蓝莓和枫糖等林业产品；此外，还盛产马铃薯、苹果和葡萄等。二是美国中北地区即五大湖区以南密西西比河上游地区是著名的玉米大豆带。其中，玉米产量居世界各大主要产区第一位，大豆产量占美国总产量的一半以上，小麦也有一定的产量。三是五大湖区和玉米大豆带以西的小麦带，其小麦播种面积占美国小麦播种总面积的70%以上，也是世界著名的小麦产区之一。四是玉米大豆带以南为密西西比河中游平原地区的混合农业带，盛产各类温带水果和蔬菜，牧草和畜牧业也比较发达。五是混合带以南亚热带地区的南部棉花带，集中了美国三分之一的棉花农场，播种面积超过160万公顷，产量占美国的36%；该地区还盛产水稻，其中阿肯色州是美国最大的水稻产区，总产量占美国的43%。六是棉花带以南为环墨西哥湾亚热带作物带，盛产亚热带水果蔬菜和水产等。七是落基山脉以西辽阔的山区畜牧业和灌溉农业区，牛羊马等牧草畜牧业发达，也是休闲农业的主要分布区。八是西部太平洋沿海混合农业带，其中北部为小麦和林牧业区；南部为水果蔬菜和灌溉农业区，也盛产干果、水稻等。

美国现代化农业县的特点如下：一是高度规模化、机械化和区域专业化（形成各类农业产业带）。美国从事大规模机械化（信息高技术化）和商品化农业生产的大中型农户占20%左右，每个农户耕地面积平均为809公顷（多分布在密西西比河流域和中部大平原地区），其余80%的小型农户为自给自足的休闲农庄，主要分布在西部山区。二是高度畜牧业化。整个现代农业已经形成以种植业为基础，以畜牧业、渔业和林业为主体的先进农业内部产业结构体系。三是深度加工化。美国农产品一般都是就地在县域内实现深度加工并直接投入食品制造业生产，形成了从农田到餐桌的一条龙现代化农业生产服务体系。四是高度外向输出化。美国是大宗农产品主要出口国，如小麦、玉米、大豆等，而且伴随着农产品出口，还出口加工技术和食品制造业技术，如先进的大豆榨油技术、屠宰技术和肉类加工技术等。五是高附加值化和具有竞争力的市场价格。美国现代化农业县围绕整个农业产中、产前和产后各个环节和领域，构建形成了一套完备的从农田到餐桌的农业产业链和供应链，将农产品的生产、加工、制造和服务等环节的附加值提高到最佳水平，并保持在国际市场上的竞争力。因此，美国农户和农产品加工企业主的人均收入水平一般高于全美平均水平，是美国中高收入人群，表明美国现代化农业县已经实现了顶层设计的目标并进入永续的发展状态。

三、英国

英国由英格兰、威尔士、苏格兰和北爱尔兰组成，县域行政区划单元包括：英格兰的41个郡（即1个伦敦首都郡、6个都市郡和34个一般农业郡），威尔士原有8个郡，含1个以加的夫市为核心的都市郡（现已改为22个地方行政区）；苏格兰原分为9个郡（地区），含以爱丁堡和格拉斯哥为核心的2个都市郡（现已改为32个地方行政区）；北爱尔兰原分6个郡，含1个以贝尔法斯特为核心的都市郡（现已改为26个区）。从分析的角度看，目前整个英国的行政区划中，郡域行政区划单元为英格兰的41个郡、威尔士原8个郡、苏格兰原9个郡和北爱尔兰原6个郡，共计64个郡，郡域平均面积为3814平方千米，比中国县域平均面积大439平方千米，郡域平均人口为103.12万人，为中国县域平均人口的2.1倍。英国都市郡总计11个（其中英格兰6个都市郡为以曼彻斯特为中心的大曼彻斯特郡、以利物浦为中心的默西边郡、以伯明翰为中心的西中地郡、以利兹为中心的西约克郡、以设菲尔德为中心的南约克郡和以新城堡为中心的泰恩—威尔郡等），占英国县域总数的17.2%，基本符合“二八”县域经济分工原理。英国的一般农业郡总数为53个，农业郡内部分工和地区分布也十分明显。一是英格兰北部、威尔士西部和苏格兰北部以养羊业为主，羊养殖数量在欧洲居第一位；二是英格兰中部和西南部，以及养羊区周围地形低的地区主要为养牛地区，牛养殖数量也居欧洲前列；三是英格兰东区、东南区和东中部，主要有小麦、大麦、甜菜、蔬菜和花卉；四是苏格兰和威尔士山区有少量林业分布，英国沿海地区则分布着一些渔村，但英国海产品也需要一定的进口。英国农业郡的特点如下：一是以畜牧业为主，占比高达 70% 以上，全国永久性牧场占全国土地面积的一半；二是农业生产效率高，如谷类单产居世界第二，为世界平均水平的 2.5 倍，仅次于荷兰，但由于耕地不足，大约三分之一的农牧产品需要进口。

四、法国

法国本土县域行政区划单元为 96 个省（相当于中国的县，不包括其海外殖民地），省域平均人口和国土陆地面积分别为 69.85 万人（高出中国 40.7%，2019 年数据）和 5494 平方千米（高出中国 62.8%）。法国非农都市省包括巴黎（为巴黎大区的中心城市和法国本土的中心）、马赛市（为普罗旺斯—阿尔卑斯—蓝色海岸大区的中心城市）、里昂市（为罗讷—阿尔卑斯大区的中心城市）、波尔多、勒阿弗尔、里尔、鲁昂、南特、牟罗兹等共计 20 个（为法国原 22 区中的 20 个区），占法国全部省域总数的 20.8%，符合“二八”县域经济分工原理。法国一般农业省域为 76 个，这些农业省域内部进一步分工如下：一是法国北部的巴黎盆地是小麦、大麦、甜菜、马铃薯、蔬菜和花卉地区专业化产地，其中小麦、大麦、甜菜和马铃薯产量均居法国第一。二是法国西北部的布列塔尼和诺曼底地区是著名的畜牧业区，以养牛和养猪为主，乳制品、牛肉和猪肉产量均居法国第一；由于接近巴黎地区，其蔬菜产量也比较可观。三是法国葡萄酒世界闻名，三大主要产区是波尔多、勃艮第和香槟区。其中，香槟区是法国葡萄酒最北产区，在巴黎以东约 200 千米的兰斯附近，以气泡香槟葡萄酒闻名。法国葡萄酒的中部产区是勃艮第，位于巴黎盆地与东部汝拉山之间，以第戎为中心。南部产区包括从沿大西洋的阿基坦盆地（以波尔多为中心）到罗讷河谷（以普罗旺斯为中心）以及地中海沿岸（以朗格多克为中心）地区：地中海沿岸的朗格多克—鲁西荣大区（包括奥德、加尔、埃罗、洛泽尔和东比利牛斯5省）是法国葡萄酒的最大产区，多为普通葡萄酒；阿基坦盆地（以波尔多为中心）是法国第二大葡萄酒产区，且主要是高档的波尔多葡萄酒，盆地北部的科尼亚克（夏朗德省）是白兰地的原产地，以当地所产白葡萄酿制而成，被称为“干邑白兰地”，以轩尼诗最为出名。四是中央高原、阿尔卑斯山脉和比利牛斯山脉地区的林业和羊牛养殖业，以及法国沿海省域的海洋捕捞业，如大西洋沿岸的加来、诺曼底、布列塔尼、卢尼尔、马汉奥莱龙等区域，主要捕捞和出口鱼类是黄鳍金枪鱼、长鳍金枪鱼、鲣鱼、虾类（冷冻）、鳀鱼（冷藏全鱼）、乌贼（冷藏或冷冻）、鳗鱼（鲜活）、鳕鱼、比目鱼和鲷鱼等。

五、德国

德国县域行政区划单元为402个郡（相当于中国的县），郡域平均人口和国土陆地面积分别为20.65万人（为中国的41.6%，2020年数据）和888平方千米（为中国的26.3%）。德国非农都市郡（被称为城市郡）包括柏林、汉堡和不来梅3个州级城市郡，以及104个城市郡，占德国郡域行政区划单元总数的26.6%（包括3个州级城市郡），符合“二八”县域经济分工原理。德国一般农业郡域为295个，农业郡域内部进一步分工与特点如下：一是以畜牧业为主，种植业、渔业和林业也很发达，均实现了规模化和集约化；二是主要分布在北德沿海平原地区；三是休闲农业遍及城乡各地区（如城镇中常见的集中花卉种植培育区或带），主要以花卉种植和自给自足农产品为主。

六、日本

日本县域行政区划单元 47 个都道府县［包括 1 个东京都、1 个北海道、2 个府（京都、大阪）和 43 个县］，县域平均人口和国土陆地面积分别为 265.5 万人（高出中国 434.9%，2019 年数据）和 8038 平方千米（高出中国 138.2%）。日本非农都市县包括东京都（形成以东京都为中心的关东地区）、横滨所在的神奈川县、大阪府（形成以大阪府为中心的近畿地区）、京都所在的京都府、仙台所在的宫城县、名古屋所在的爱知县、静冈所在的静冈县、广岛所在的广岛县、福冈市和北九州市所在的福冈县、高松市所在的香川县，占日本全部县域行政区划单元总数的 21.3%，符合“二八”县域经济分工原理。日本一般农业县域为 76 个，农业县域内部进一步分工和特点如下：一是作为岛屿型海洋国家海洋渔业发达，人民生活以海产品为主；二是机械化小农经济发达，农业生产效率高，但由于耕地有限，农产品总量仍然有不足之处；三是随着农产品的高质量发展，许多农产品世界一流，如和牛、三文鱼、精品大米等。

七、俄罗斯

俄罗斯国土面积最大，其州级行政区划有 85 个［包括 3 个联邦直辖市、46 个州、9 个边疆区、5 个自治区（州）和 22 个共和国（相当于中国的省级区划）］；其县域行政区划单元为 2345 个区（市）（相当于中国的县），区（市）平均人口和国土陆地面积分别为 6.23 万人（仅为中国的 12.6%，2020 年数据）和 7291 平方千米（高出中国 116%）。俄罗斯非农都市区（市）614个，占全部区（市）行政区划单元的26.2%，其中包含一些以农业为主的市（相当于中国的县级市）。按照州级都市统计，俄罗斯主要州级都市包括莫斯科、圣彼得堡、新西伯利亚、叶卡捷琳堡、下诺夫哥罗德、萨马拉、鄂木斯克、喀山、车里雅宾斯克、顿河畔罗斯托夫、乌法、伏尔加格勒、彼尔姆、沃罗涅日、克拉斯诺亚尔斯克和萨拉托夫16个，占俄罗斯全部州级行政区划总数的18.2%，也基本符合“二八”县域经济分工原理。

历史上，俄国农业落后于欧洲，到苏联时期农业才基本实现了以大农场为主的规模化、集约化，以及农业区域专业化，尤其是种植业，如谷物和甜菜等；但始终未解决饲料问题、郊区农业问题（蔬菜、水果、花卉等）以及奶制品问题。俄罗斯农业布局受地理纬度的制约，其农业州域或区（市）域内部进一步分工与布局如下：一是北部牧业带，分布于俄罗斯北部苔原和寒带针叶林带，占俄罗斯面积的一半，从北到南分别为养鹿、狩猎和养马等；二是中部农牧业带，分布于上述地带以南的森林带和草原带，其北部为乳畜牧业带，其南部为种植业与畜牧业带；三是南部放牧和灌溉带，位于中央黑土带、伏尔加河中游、北高加索和西伯利亚南部，是小麦、向日葵、甜菜、土豆的主产区。

八、巴西

巴西县域行政区划单元为5507个市［相当于中国的县，27个州级行政区划单元（一个联邦区、26个州），州区以下为市］，市域平均人口和国土陆地面积分别为3.8万人（仅为中国的7.7%，2019年数据）和1552平方千米（仅为中国的46%）。巴西非农都市县包括圣保罗、里约热内卢、巴伊亚、米纳斯吉拉斯、联邦区、塞阿拉、亚马孙、巴拉那、伯南布哥、南里奥格兰德等人口在5万以上的城市估计540个，占巴西全部市域总数的9.8%，远低于“二八”县域经济分工原理。巴西一般农业市域为4967个，这些农业市域内部进一步分工如下：一是绿色农业革命发起国之一，以热带农业为主，如咖啡、甘蔗、柑橘等产量世界第一；二是玉米、大豆和水稻是巴西三大粮食，其中大豆可以出口，但玉米和水稻尚不能满足国内需求；三是畜牧业以巴西高原羊牛业为主，巴西牛肉可大量出口。

九、印度

印度县域行政区划单元为700多个县（区），县（区）域平均人口和国土陆地面积分别为185.70万人（高出中国274.1%，2020年数据）和4232平方千米（高出中国25.4%）。印度非农都市县包括孟买、德里、班加罗尔、海得拉巴、艾哈迈达巴德、金奈、加尔各答、苏拉特、浦那、斋浦尔等50万人口以上的城市共计70多个，占印度全部县（区）域总数的9.3%，远低于“二八”县域经济分工原理。印度一般农业县（区）域为678个，这些农业县（区）内部进一步分工和特点如下：一是东北部恒河和布拉马普特拉河下游地区稻谷、黄麻和茶叶区，其中稻谷占全印度的70%以上；黄麻和茶叶分别占全国的90%和80%。该地区人口稠密，以小农户为主，农业生产效益较低。二是西北部印度河与恒河中上游小麦、油料作物和甘蔗地区，其中小麦占全印度的80%，为印度著名的商品粮基地；油菜、芝麻料作物和甘蔗分别占全印度的90%、75%和50%。三是南部德干熔岩高原棉花、花生和杂粮地区，其中棉花占全印度的60%；花生和烟草均占80%以上；粮食作物以杂粮为主，主要为谷子和豆类。四是西南西高止山南段和沿海平原热带雨林稻谷、热带作物区，其中稻谷为印度第二大产区；热带作物主要有橡胶、咖啡、腰果、胡椒、木薯、椰子等。

第三节　非农都市县内部分类及特点

非农都市县，是在农业县的基础上经过工业革命洗礼和改造后逐步形成的，是制造业、第三产业和非农人口占主导地位的城市及其所在的县域。按照“二八”县域经济分工原理，发达和成熟的经济体中大约有20%的县域能够成为非农都市县。因此，要成为非农都市县需要具备如下基本条件：首先，有一定规模的城市居民点，以及良好的交通市场区位条件。众所周知，制造业是农业（或矿业）的延续，其产业性质与农业完全不同。如制造业属于聚集性生产，所占空间相对农业少得多，并多与居民点一并分布（少数污染或危险性制造业除外），以便获取丰富的劳动力资源，具有一定规模的城市居民点就是一个重要的条件。另外，由于制造业生产具有周期短、循环快、能源原材料和产品销售市场范围广等特点，要求制造业具有良好的交通区位条件、广阔的市场空间区位条件。其次，丰富的能矿自然资源条件。非农都市县是以能矿等非农产品为能源原材料的以制造业为主的工业县，因此能矿资源丰富程度就成为非农都市县选址和发展的重要条件之一；在此，需要指出的是，能矿资源分布、能矿产业和能矿城镇的分布受制于其资源的客观分布，开采矿点和矿业城镇的选址还要考虑周边配套条件及与市场条件，既不同于一般“点”状的城镇布局，也不同于“线”状的交通和“面”状的农业产业布局。最后，良好的腹地和平地条件。腹地提供广阔的市场空间，以及非农都市县分工所不足的农产品供应；平地是制造业生产技术条件所需。这就是非农都市县一般分布在农业县也比较发达的平原地区的原因，也是造成工业与农业发展竞争平原和耕地的主要原因。

至于非农都市县发展本身，不仅与农业县在产业上和区域上形成最大最深的城乡区域分工格局，而且其内部也遵循着分工合作的基本原理。一般而言，非农都市县的内部分工与合作遵循着城镇规模大小不同，其主导产业层次和地位逐步降低的基本规律。也就是说，城镇规模越大，其主导产业层次和地位也越高，反之则越低（但这并不意味着小城镇主导产业技术含量低，只是其产业技术来源于更高层次的城镇）。总体来看，按照中国城镇体系分析，不同规模的城镇其主导产业的层次和地位大体分工合作情况如下：一是首都都市县、直辖市都市县的主导产业主要是生产要素与资源配置中心、高新科技创新中心以及全国性或国际性商务中心等高端服务业和制造业技术研发领域。二是副省级城市、省会城市和计划单列市的主导产业主要是装备制造业基地、区域性商务和商业中心等高层次制造业和区域性服务业。三是地级市（在美国为没有行政隶属关系的大小都市统计区）和部分有潜力成为地级市的县级市的主要主导产业是能源和非农业原材料制造业、非农业原料加工零部件及组装制造业等各类大众化一般工业产品制造业。四是县级市和县城的主要主导产业是以农产品为原料的初级加工工业以及围绕“三农”发展提供各类辅助作用的服务业；当然，这些农业县县城的主导产业应当属于农业县的范畴，这里只是归纳和顺便一并论述。

根据上述非农都市县，即城镇体系内部按照规模大小形成的主导产业分工和地位层次理论，下面对世界和中国城镇体系的分工基本状态作分析。

一、世界城市及其所在非都市县的主导产业状况

目前，公认的世界城市包括纽约、伦敦、东京、巴黎、中国香港和新加坡等，这些世界城市经济功能的主要共同特点包括全球范围的经济要素资源的配置中心（即世界级的金融中心）、全球范围的经济活动的指挥中心（即世界 500 强公司总部的集中所在地）以及全球范围的高端服务业提供中心（即经济政策、法律事务、财会制度、管理技术、科技信息和人才交流等咨询服务中心）等。

（一）纽约的主导产业和产业结构

纽约市城市人口 833.68 万人（2019 年数据），面积 784 平方千米，由曼哈顿、布鲁克林、皇后区、布鲁克斯和斯塔滕岛等 5 区（郡）组成，是世界上最大的城市之一，在五大世界城市中居首位。纽约市是世界最大的金融中心（华尔街）、最大的商务中心（集中了一半以上的世界 500 强公司总部）、最大的国际贸易中心和最大的国际港口（之一），也是世界级的商业中心、教育中心和科技研发中心（以信息和生物技术为主的硅巷，与硅谷齐名）；此外还是世界文化、出版、新闻、娱乐、艺术、旅游、房地产、广告（麦迪逊大街）、时尚和体育中心。

（二）伦敦的主导产业和产业结构

伦敦（按大伦敦，即伦敦郡计算）人口 889.94 万人（2019 年数据），面积 1569 平方千米，包括伦敦城（小伦敦）和 32 个城区，是世界五大城市之一。伦敦经济总量占英国的 1/4，其商务中心区商务办公楼面积高达 800 万平方米（占整个大伦敦的大约 1/3，2001 年数据）；伦敦的房地

产价格和商务办公楼房租金非常昂贵，反映了其在世界经济格局中举足轻重的地位；伦敦金融城是世界金融中心之一，规模仅次于纽约的华尔街；五大商务中心区集中了众多的世界500强公司总部；伦敦港也是世界著名国际港口，为英国第二大港口；伦敦也是世界级的新闻中心，以BBC为核心，产业地位仅次于金融业；伦敦还是世界级的科技研发中心，位于东伦敦的技术城，以地理信息系统研发为特色，被誉为硅回路（Silicon Roundabout）；伦敦还是世界旅游中心城市之一，其国际游客总数也仅次于纽约。总之，伦敦是世界经济的中心之一，也是世界经济资源的配置中心之一。

（三）东京的主导产业和产业结构

东京（按东京都地理范围分析）人口1369.02万人（2021年数据），面积2194平方千米，包括东京市［由23个特别区组成，人口896.8万人（2020年数据），面积618.2平方千米］和东京市以西的多摩地区（由26个市、1个区和4个副都组成），为世界五大城市之一。2018年，东京经济总量达1万亿美元，人均高达7万美元；“二战”后，东京逐步成为日本和世界大企业集团总部的聚集地，2020年金融业在全球的竞争力被评为第四（排在纽约、伦敦和上海之后），东京证券交易所交易量为全球第三位，是世界级的投资和保险银行业务中心，是世界级的交通（东京是日本最大的海港）、出版、电子和广播业的中心；东京曾多年为世界生活费用最高的城市，现在也仅次于奥斯陆和巴黎；东京还是世界级的高新技术研发中心，拥有许多世界知名大学；东京的商业、渔业和旅游业也都十分发达。

（四）巴黎的主导产业和产业结构

巴黎（按照2016年1月1日新近成立的大巴黎都市来分析）包括巴

黎市［由 20 个城区组成，人口 217.5 万人（2018 年数据），面积 105.4 平方千米］、3 个近郊社区和 7 个远郊社区，人口 694.5 万人（2017 年数据），面积 814.5 平方千米。大巴黎都市经济总量占全法国的 1/4，2012 年普查的巴黎地区的产业结构基本情况是市场服务业占比 59.5%（其中，批发和零售业 12%、专业科技服务业 9.7%、金融和保险业 5.9%、行政和辅助业 5.8%、旅馆餐饮业 4.6%、文体娱乐服务业 13%、其他服务业 8.5%），制造业和公用事业 8.2%，建筑业 5.2%，农业 0.2%。从产业布局看，大巴黎都市商务中心区多达 39 个，其中位于巴黎西部的 QCA 商务中心区最大，区域范围包括第 2、8、9、16 和 18 城区，就业人口占巴黎市的 30%，占法国岛的 10%，主要行业是金融和保险业（占就业量的 16%）、商务服务业（如会计、财务和广告等，占就业量的 15%），还包括商业批发与零售、饭馆和旅游以及一些政府机关和部门；位居第二位的商务中心区是著名的巴黎西北郊区的卫星城拉德芳斯，2010 年就业人口近 15 万人，其中 38% 就业于金融和保险部门，16% 为商业辅助业。2018 年登上了福布斯 500 强名单的法国前 10 位的大企业均在这些 CBD 中设有总部或办公地点。

巴黎都市地区，又号称法国岛，由巴黎市和周边 7 个省组成，人口 1078.5 万人（2017 年数据），面积 2853.5 平方千米。

（五）中国香港的主导产业和产业结构

中国香港人口 750.7 万人（2019 年数据），面积 1104 平方千米，包括 8 个城区和 10 个远近郊区。香港经济以低税、最少政府干预和国际金融市场闻名于世，1995 年以来一直被美国传统基金会评为“世界最自由经济体”。中国香港为世界第 35 大经济体，拥有的跨国公司数量在亚太地区居第 2 位（东京第 1 位）；香港股票交易总量居世界第 7 位，通过深圳和上海证券交易所成为中国外商直接投资的门户，也是中国内地以外第一家人民币股票交易中心和最大的人民币离岸交易中心；香港贸易进出口总量居世界第 10 位（2017 年），一半以上为转口贸易，来自中国内地的货物转口贸易占 40% 以上。这与香港独特的区位和发达的交通设施有关，香港拥有世界上居第 7 位的最繁忙的集装箱港口，以及世界最繁忙的国际货运机场；香港还是海上丝绸之路的组成部分，通过苏伊士运河的货物到达地中海，再从意大利东北边境的里雅斯特湾到亚得里亚海地区转乘火车运往中东欧地区。

（六）新加坡的主导产业和产业结构

新加坡地处世界最重要的海运要道之一马六甲海峡北面，是个城市国家，人口 570.4 万人（2019 年数据），面积 719.9 平方千米，由市中心地区、市中心周围地区（北、东北和西部）、市郊区（东、北和西部）和外围地区（东、北和西部）四类地区组成；行政上分为中区、东北、西北、东南和西南等 5 个社区（设社区发展理事会，从 2002 年起理事会设部长级别的市长），5 个社区下面进一步分为 87 个选区。1968 年新加坡建国，以转口贸易起家，经过短短 50 多年的快速发展，已经成为世界最自由的经济体之一，也是劳动力素质高、税收低、基础设施完备、对腐败零容忍、信誉达三 A 级的最具活力和竞争力的经济体之一，吸引了大量的外商直接投资，其 44% 的劳动力来自国外。2020 年新加坡经济总量位列世界第 31 位，人均 GDP 位列世界第 7 位，是公认的世界城市之一。新加坡的主要产业，包括世界金融中心之一，拥有世界第 11 位的外汇储备和人均最高的净国外直接投资量，是世界级经济要素资源配置中心之一；拥有近 7000 多家世界跨国公司，是世界经济活动的指挥中心之一；其发达的旅游业、世界级的购物中心、世界级的航空和海运交通中心、高质量的教育和医疗中心以及高新技术研发中心，为世界经济提供了令人信服的高端服务。

二、国际区域性城市和主要大国首都城市及其所在非农都市县的主导产业状况

（一）美国首都华盛顿特区的主导产业和产业结构

美国首都华盛顿特区是个人口不到60万人的中等城市，面积仅为174平方千米，其中建成区尚不到总面积的一半。华盛顿特区主要履行联邦政府的国家治理职责，政府就业人口占比高达27%；还履行国际金融管理职责，是世界银行、国际货币基金组织总部所在地。华盛顿特区是美国文化产业集中区，以美国国家文化莫尔地区（the National Mall）为代表，这里集中了美国一系列博物馆、图书馆、纪念碑（堂、公墓等）和剧院等；还是美国社会高端服务集中地，如传媒、医院和高校等。需要说明的是，由于美国政府行政性城市大多不设在大城市，也就是说与城市规模没有关系，因此首都华盛顿特区也只是一个中等城镇，其经济指挥中心和资源配置中心的功能并不突出，不是典型首都经济产业分工类型。此外，首都华盛顿特区也几乎没有大型制造业和大型商业设施；人口基本上实现了郊区化，富人在郊区，城区多贫困人口。

（二）德国首都柏林的主导产业和产业结构

德国首都柏林市是德国最大的城市，下辖23个区，人口357万，面积892平方千米，其中1/3为森林所覆盖。按照城乡居民点级别规模分工，作为首都的柏林应该是德国的经济活动指挥中心、经济资源调控中心和高端服务业中心。由于柏林特殊的历史经历，这座古老的首都城市并没有形成典型的国家首都经济功能和产业结构。作为欧洲经济文化中心之一的柏林，其主导产业主要为机电装备制造，拥有西门子股份公司和通

用电气公司两个世界性的大企业。德国的主要金融中心是法兰克福（欧盟欧洲银行总部）、科隆（保险业集中区）、杜塞尔多夫（资本管理和批发中心）和汉堡（金融保险业）等，比较分散；柏林还是文化中心，有著名的高校，如洪堡大学、自由大学和工业大学等，众多研究机构，如哈恩迈特纳尔研究所、海因里希—赫茨通信技术研究所等，三大歌剧院，即德意志剧院、菩提树下德国国家剧院和滑稽歌剧院，还有众多的博物馆、艺术馆和名胜古迹等。柏林还与德累斯顿、莱比锡、马格德堡等共同构成了前东德地区的重要工业集中区，成为德国四大工业集中区之一（包括鲁尔工业区、汉诺威—沃尔夫斯堡—萨尔茨吉特三角工业区，以及以斯图加特为中心的汽车和电子信息工业密集的内卡河谷地区等）。

（三）俄罗斯首都莫斯科的主导产业和产业结构

莫斯科是俄罗斯的首都，也是俄罗斯最大的城市和最发达的工业区。莫斯科以红场为中心的五大环形城市结构，与其主导产业分布密切相关，其中，“花园环道”之内主要分布为行政中心、商业中心、文化中心和科教基地等；环道以外为工业区、住宅和休闲区，工业主要产业包括现代机械、化工、电子和军工等。

三、主要大国省级和地级城市所在非农都市县的主导产业状况

（一）美国州府和大小都市统计区核心城市所在非农都市县的主导产业

美国州府大多设在小城市，其代表美国非农都市县的主导产业情况不是很典型，真正具代表性的是由596个大小都市统计区核心城市和城市组团所在的非农产业县，其主要产业具有以下特点：一是人口在50万以上的城市，其主要产业结构都以装备制造业为主。如洛杉矶，人口390万

（美国城市人口排名第二），面积为1214.9平方千米，主要装备制造业包括美国石油化工、海洋、航天工业和电子业，也是美国重要的国际贸易、科教、文化、娱乐和体育中心之一；芝加哥，人口270.6万（美国第三大城市），主要装备制造业是食品加工、电子、石油加工、印刷和运输机械设备工业，也是美国的农产品加工制造中心和全美交通运输中心；旧金山，人口85万，其主要装备制造业为宇航工业、汽车装配、电子装备以及炼油设备等，是美国乃至全球电影业、娱乐业和旅游业的胜地。二是人口在20万到50万之间的城市，其主要产业结构都以非农副产品为原料的一般产品制造业为主，如金属和非金属原材料、机械零部件、化学制品和能源制品等。三是人口在20万以下的城市，其主要产业结构都以农副产品为原料的加工制造业为主，如食品、饮料、纺织原材料、布料与服装制品等。

（二）德国州府所在非农都市县的主导产业

德国16个州的州府毫无例外都是德国装备制造业的中心，如北德地区的汉诺威—沃尔夫斯堡—萨尔茨吉特三角工业区、柏林—德累斯顿—莱比锡—马格德堡工业集中区（前东德）、中德的世界闻名的鲁尔地区和南德的以斯图加特为中心的内卡河谷地区。

（三）日本都道府县中非农都市县的主导产业

日本都道府县之间的产业分工协作为：规模大的城市主要发展装备制造业，中等规模的城市是各种一般制造业的天堂，小城镇则是农副产品加工和制造业的基地。日本京都府、大阪府、名古屋、横滨等大都市主导产业都是以汽车、机电、电子设备、家电、轻工业设备和重工业设备制造业为主，近来在微电子、信息技术、新能源、宇航工业、新材料、新生物技术、人工智能即芯片制造业和芯片制造设备的方面都有长足的进步，日本装备工业一般比发展中国家先进三到四代，这是其保持世界经济领先地位的重要法宝（美国及西方其他发达国家也是如此）。日本的中小城市则按照规模大小主要从事专业化的高精尖的一般产品和农产品的加工与制造，确保日本产品和服务的高质量。

第四节　基层小尺度城乡区域经济发展面临的主要问题、顶层设计与对策

县域经济是城乡区域经济发展的起点和基础，承担着塑造整个城乡区域经济发展格局的重要功能。城乡区域经济协调发展的良好格局有赖于县域经济不断深入发展，最终实现和形成具有终极发展状态的顶层设计目标。为此，需要深入分析县域经济发展面临的主要问题，并在此基础上寻求解决这些问题的对策。

一、县域经济面临的主要问题——主要是发展中国家

发达国家县域经济终极顶层设计目标基本实现，即“二八”县域经济分工原理目标已经完成，20% 的非农业都市县将沿着制造业和服务业方向不断深化发展，而 80% 的农业县已基本实现现代化，并将随着科技进步保持和沿着农业现代化方向不断深入发展（其内部也呈现出大小农户分工的“二八”原理，即 20% 的以规模化、商品化和高技术化为特点的大农户现代集约化农业，与 80% 的小微型化、自给自足和田园生活方式化为特点的小农户休闲农庄并存）。而发展中国家县域经济尚处于现代化发展的探索中，虽然有发达国家先行经验可供借鉴，但也需要结合自身的特点，找出

既符合县域经济一般规律又符合特定国情条件与历史发展阶段要求的自身特色的发展道路来。一般而言，发展中国家县域经济实现现代化主要面临如下两个方面的问题。

（一）非农都市县的工业化和城镇化的任务有待完成

发展中国家面临的最大问题，依然是工业化和城镇化的历史任务有待完成。而且，在数字信息化的新时代，这样的历史任务需要走新的道路，这就是新型工业化和新型城镇化道路。事实上，中国的新型工业化和新型城镇化道路，借助后发优势已经成功地进行了一段时间并取得了一定的成就，未来还要继续沿着这条路走下去。在开展新一轮新型工业化和新型城镇化发展进程中，有必要针对面临的主要困难和问题，与时俱进地采取一些新的思路、新的模式和新的对策。

下面，对新一轮新型工业化和新型城镇化面临的困难和问题进行一些分析。新型工业化方面，目前中国制造业生产的多为中低端产品。这些产品都面临中外市场趋于饱和的状况，未来出路必然是高质量发展，却面临更大的技术进步问题——制造业的一系列先进技术受到“卡脖子”困扰，主要包括新一代数字信息技术、新能源、新材料、新生物技术和新装备制造等“一主四基”的高新战略性制造业技术；特别是制造业的装备技术，一些关键的零部件主要靠进口，一定程度上的制造业装备和生产线的补偿贸易仍然存在，其关键技术依然受制于人，任何一个国家，尤其是像中国这样的大国，作为现代化基础的装备制造业一定要掌握在自己手中（现代化是买不来的）。城镇制造业分工协作关系不明，低水平重复建设严重，非农都市县之间的过度竞争，影响了城乡区域协调发展合理格局的形成。制造业行业众多，客观上需要在市场经济体制下，通过合理的竞争和客观的自然人文环境条件，逐步形成各行业的全国性运营中心，美国各行业的全国性运营中心体系已形成并十分成熟，如金融业运营中心纽约、钢铁工业运营中心匹兹堡、汽车行业运营中心底特律、石化产业运营中心和航天中心休斯敦、航空制造业中心西雅图、交通运营中心和食品制造业中心芝加哥、信息技术中心硅谷、教育中心波士顿、快递中心孟菲斯、船舶制造中心新奥尔良等，在中国这样的全国性行业运营中心尚没有建立起来（目前中央企业在向各地方迁移，可为形成各行业运营中心创造条件）。包括制造业和服务业在内的实体经济，依然需要花大力气去解决低碳、绿色和循环等可持续发展难题。

新型城镇化方面，主要是城镇化水平还比较低，与工业化历史任务尚未完成紧密相关。以中国为例，2022 年常住人口计算的城镇化水平为 65.22%，按户籍人口计算仅为 47% 左右，与西方发达国家 90% 以上的高度城镇化相比还存在巨大的差距。城镇数量严重不足，大、中、小城市都缺乏，都市县数量缺乏，满足不了“二八”县域经济分工原理的要求。城镇体系不完善，城市规模结构存在“大的太大、小的太小、缺乏中间规模城市”的问题，城市分布结构则存在“东密、西疏、中间密度不足”的问题，其原因是城镇体系空间分布，总体上应该遵循“大分散（全国各区域都需要实现城镇化目标）、小集中（城市应该集中分布在宜居的地势平坦地区，如中国的七大平原地区）”的合理格局原则，而城市群地区内部空间分布则应该遵循“小分散（城市集中分布的平坦地区应该做到大、中、小和小城镇规模的合理搭配以及城市空间布局的合理展开）、大集中（指适宜城市发展的地势平坦地区总体上应该更多地吸引农业转移人口）”的合理布局原则。城市建设紧凑性还有待提高，特别是新建城镇，目前我国人口城镇化速度落后于土地城镇化速度，城镇土地集约化水平在下降，城镇人均建设用地面积增长过快，土地开发效益在降低。城乡一体化融合发展体制机制尚未形成，“市管县”体制实现了城乡行政管理的一体化，但是城乡两种经济和社会制度并没有随之改变，“城乡二元结构”依然存在，主要体现在城乡经济社会制度和一系列政策的不同安排上。城镇规划、建设和管理体制机制尚有待改进和创新，以适应不断变化的数字信息化发展的新要求。

（二）一般农业县的农业现代化重任尚未完成

农业仅能满足人民小康生活水平的需要，距离农业强国和变为农业出口国的高要求还有相当大的差距；农业增加值比重仍然高达 7.7%，是西方发达国家的 3 ~ 4 倍，第一产业的就业比重更是高达 23.6%，远远高于发达国家的水平，农业产业结构的落后性特点依然明显；农业集约化、休闲化和现代化经营模式尚待建立和形成，农业的多功能化有待进一步挖掘（主要包括农产品提供、农业生态效应、田园生活方式以及农业的社会保障四大功能）；农业产业内部结构的畜牧业化取得一些成效，但以畜牧业为主的现代化农业结构尚没有形成；农业布局演变出现积极变化，如粮食和棉花向地价低的边远地区移动，粮食生产向东北黑土地边远地区转移，棉花种植中心向新疆地区转移等，但是平原地区农业专业化和区域化水平仍然不高，农业生产人工效率低严重影响其区域分工效益的发挥；城乡分离分治体制需要改造，农业的产业化、农村面貌城镇化以及农民职业化等有待加速推进；等等。

二、县域经济的终极发展与顶层设计

从世界各国城乡县域经济发展的实践来看，县域经济的最终归属无非是与时俱进的现代化农业县和非农现代化都市县。

（一）农业县终极发展与顶层设计——与时俱进的现代化农业县

从发达国家农业现代化的经验来看，一国农业现代化的顶层设计为以下五个方面：一是 20% 左右的县成功转型为非农业都市县，也就是说，80% 的县域将始终保持为农业县；二是直接从事农业生产的业主仅占人口的 1% ~ 2%，农业生产实现机电信息化和高科技化，大规模商品农业占农户的 20% 左右；三是在农业区域专业化基础上，农业结构形成以种植业为基础、以畜牧业为主体的先进格局；四是农业县域经济形成农业、农产品加工和食品制造业一体化产业链体系，以确保从事农业及相关生产者的较高收入；五是农业多功能作用得到充分发挥，即提供大量丰富廉价的各类农副产品（20% 的产业化和商品化大农户的任务）、保持和改善优美的自然生态环境质量，以及保持乡村田园自给自足的小农户生活方式（在中国称为“乡愁”，在发达国家则是富人选择的一种生活方式）。需要指出的是，在现代社会中，农村生活方式作为一种社会保障功能应该逐步取消。

此外，还应该指出的是，农业现代化是在工业革命后发生的，只有工业化革命出现之后，才可能有以机械化为中心的农业集约化和现代化。英国农业的机械化和规模化，就是发生在工业革命之后的“圈地运动”和农业土地的“长子继承制”；美国农业现代化靠的是殖民和农奴制，以及“解放农奴制”后开始的美国工业化和伴随而来的农业机械化和规模化。“二战”后，世界范围内的农业机械化和规模化，加上生物技术进步、化学工业的发展以及数字信息化技术的崛起，使农业现代化的路子越走越宽广，农业县的现代化进程依然在与时俱进。

（二）非农都市县的终极发展与顶层设计——与时俱进的非农现代化都市县

20% 的非农都市县是一国工业化和城镇化的基础，也是一国经济实力的主要体现，代表着先进生产力及其发展方向。西方发达国家非农都市县已基本形成完整合理的空间分布体系，起着有效支配所在县工业化和城镇化不断向更高阶段演进和发展，同时还通过城乡一体化的制度性安排和空间市场高度自由一体化融合交往和发展（包括生产要素和产品服务品），有效地带动和促进着整个腹地辐射县域地区的一同化协调发展，决定着整个国家城乡区域经济均衡、协调和可持续发展。包括中国在内的广大发展中国家，一方面是20%的非农都市县尚没有完成达标，需要进一步增加可以带动本县及相邻县域发展的都市数量；另一方面更重要的是让现有非农都市县尽快加速工业化和城镇化进程。为此，许多国家都在充分利用当前新一轮高新技术革命这一“百年未有之大机遇”，努力探索新型工业化和新型城镇化道路，以实现赶超西方发达国家的美好梦想。下面以中国为例，分新型工业化和新型城镇化两个方面，构建一下未来发展中国家努力实现非农都市县的终极发展与顶层设计的基本思路。

当前，中国发展面临的具体困难和问题主要包括产业技术上存在许多关键环节的“卡脖子”难题、装备制造业满足不了高质量发展和现代化的要求、农业尚未过关、主要能源和矿产资源严重依赖进口问题、服务业短板问题、社会事业发展不足、生态环境形势依然严峻等；造成这些困难和问题的主要原因是基础研究相对落后，缺乏长期系统的积累，应用研究也缺乏系统性和指导性，相对较强的开发研究也存在一些短板和不足，如中试和规模化开发往往缺乏有效支持、知识产权的保护还有待进一步加强、创新的动力和能力还有待进一步加强和培育等。由此可确定未来新一轮新型工业化发展的总体思路：坚持“一主四辅”的先进产业技术创新发展的主流方向，即以数字信息智能化技术为导向，以新能源、新材料、新生物技术和新装备制造业为四辅的新产业技术，构建新一轮新型工业化发展的主流方向；按照强长链、补短板和促进产业技术全面升级的总体原则，以现有优势制造业、应用型高新技术产业和一系列战略性新兴产业发展为支柱和主导产业，以装备制造业、农业、服务业等短板产业为突破口，以新一代信息技术改造和提升整个产业技术体系水平，实现信息化与工业化的高度融合，努力提升产业结构层次和水平；坚持以实体经济为主的高质量发展方针，不断提升我国经济和产业在国际市场上的分工地位和水平，逐步从生产已经趋于饱和的中低端产品向高质量和高端产品升级换代，确保产业结构不断顺应世界经济技术发展的潮流和步伐，实现产业结构在国际经济中分工地位的不断提升。

就新型城镇化而言，目前中国已经基本完成第一轮新型城镇化的目标和任务，进入全面建设现代化的新征程，尽快完成城镇化的历史任务就显得更加重要。事实上，目前我国新一轮的新型城镇化的基本思路已经初步形成，其大体内容如下。

一是建立 90% 以上的高度城镇化新目标。建成全面现代化新时代，新一轮新型城镇化的目标也应该与时俱进。按照目前发达国家城镇化水平基本都在 90% 以上的现状，未来到 2050 年新中国成立百年之际的目标也应该设为 90% 左右。为此，一方面要继续保持农村剩余劳动力向城镇迁移的速度（加速城镇化进程）和努力增加城镇就业机会的步伐（加速城镇工业化进程）；另一方面还要有效地增加城镇数量（目前中国城镇数量严重不足，据统计，2020 年中国城镇数量仅为 728 座，而美国 10 万人口以上的城镇有 2000 多座，其人口仅为中国的 1/5）并优化城镇空间布局（中国城镇建设用地仅占全国国土面积的 2.9%，而美国则达到了 8.2%），以为高度城镇化提供足够的发展空间。

二是构建规模结构合理的、空间布局舒展的城乡居民点新体系。城乡居民点体系是按照大、中、小城镇规模结构组合规律，以及城镇中心区、边缘区和郊区等空间分布规律形成的人类聚落体系。人类城镇化和聚落发展的正反两方面的历史经验和教训不断揭示了未来城乡居民点体系的新模式，即构建规模结构合理的、空间布局舒展的城乡居民点新体系。就合理的规模结构而言，包括首都都市县、省会都市县、地级市都市县以及农业县等按“二八”县域经济分工原理以及各级都市县合理比例搭配形成的城乡居民点规模结构。就舒展的空间布局而言，在整个国家城乡区域一体化层面上，按照“大分散、小集中”的原则，构建中心实体城市、都市县、都市圈、城市群和城市集群为多层次有机组合的城乡居民点体系；在城市群和城市集群层面上，按照“大集中、小分散”原则，构建区域总体上的人口大集中和各个城镇点上的人口小分散，以避免“城市病”产生的舒展的城乡居民点新体系。

三是落实紧凑、组团和生态型城镇建设新模式。城镇本身的规划、建设和管理则要遵循紧凑、组团和生态的城镇发展的新模式。紧凑型城镇建设，是指城镇建设要符合国情，满足城镇建设用地人口密度标准的要求，大体上是 1 万城镇人口 / 平方千米建设用地为基本标准，特大和超大城市标准更加严一些，分别为 1.2 万城镇人口 / 平方千米建设用地和 1.4 万城镇人口 / 平方千米建设用地，而中小城市标准要松一些，分别为 0.8 万城镇人口 / 平方千米建设用地和 0.6 万城镇人口 / 平方千米建设用地；组团式城镇空间结构，是指构建各种不同主体功能的综合宜居城市组团，并有机组合形成城市中心和城市边缘多组团集中分布，城市郊区独立分散组团分布的城镇组团空间结构；生态导向的城镇建设，是指按照生态系统生产者、消费者、分解者和非生物环境四大组成要素和功能，分析和构建以生态平衡和人类生存原理为指导思想的城镇可持续发展人工生态新系统，以满足人与环境城镇生态系统的健康、和谐和永续发展的基本要求。

四是实施城乡融合发展新理念。城乡融合发展包括工农产业一体化发展和城乡居民点一体化发展。就工农产业一体化发展而言，在工业化时期主要是工业反哺农业，实现农业的机械化和产业化发展，努力解决农业生产周期长、劳动强度大、经济效率低的问题，逐步使其综合经济效益与一般工业产业一致化。具体措施包括农业生产的规模化信息化、农产品加工产业链延长化以及农业功能的多样化（休闲化、生态化和园艺化）等。就城乡居民点一体化发展而言，主要包括按照城镇组团的要求，实现城乡居民点基础设施规划建设一体化、执行标准统一化以及规范管理一体化，积极缩小城乡基础设施建设、生活水平和生态环境质量的差距。同时，确保人口、生产要素和产品服务在城乡市场之间自由流动，满足城乡居民点之间生活水平的基本一致。

五是创新城乡协调发展的新体制机制。中国基本实现了“市管县”的城乡统一的区域行政管理体制，在一定程度上确保了城乡市场之间的统一（在行政管理区域之内），但是由于城乡居民点之间在经济社会领域里还存在着一系列法律法规、体制机制和政策等方面的分割性、差异性的安排和规定，因此这些制度性障碍依然严重限制着城乡之间融合和协调发展，城乡二元结构依然存在，制约着经济快速发展对城乡区域融合、一体化和协调发展的客观要求。为此，必须顺应城乡区域经济快速发展的历史要求，按照空间市场一体化的要求，进一步努力消除一切不利于城乡区域经济一体化发展的体制性障碍，创新构建城乡协调发展的新体制机制，如城乡一体化的户籍制度、城乡一体化的土地管理制度、城乡一体化的居住制度以及城乡一体化的社会保障制度等，以通过城乡一体化的契机，进一步促进中国城乡区域经济再上一个台阶，同时达到实现城乡区域经济合理分工协作、城乡区域要素自由流动、城乡经济社会管理体制机制统一及城乡经济发展水平和城乡居民生活水平大体一致的最终目的。

三、主要对策

（一）进一步加速工业化城镇化进程，尽早实现“二八”县域经济分工原理的要求

切实认识农业现代化在全面现代化中的重要性和基础性；充分认识到工业化是农业现代化的前提，在进入工业化之后，国家应该集中一段时间努力实现农业现代化，以为全面现代化宏观目标的实现奠定必要的基础；充分利用后发国家工业化城镇化的优势，实现工业化城镇化的跨越式发展；把握好未来工业化城镇化发展的大方向，以数字信息智能化为主流方向，结合新能源、新材料、新生物技术和新装备制造业的四大基础性辅助产业发展方向，构建未来新型工业化和城镇化的现代化新体系。

（二）切实抓好农业县域的农业现代化发展，完成农业现代化发展的历史任务

事实上，工业化最大的历史任务就是促进农业的机械化和现代化，近期又需要加上农业信息化。一是要进一步将传统农业转变为现代农业产业，要按照做大做强的思路，促进农业产业的发展，即使发展农业并不具备比较优势，但也要不断增强其发展后劲和市场竞争力，以更加有效地巩固其基础定位和更好地起到确保国家粮食安全的作用；二是要努力培育一代专业化、知识化和科技化新型职业农民，让他们像职业企业家一样，起到带动传统农业向具有市场竞争力的产业化现代农业稳步迈进；三是要进一步加大农业现代化的扶持力度，在资金、技术和社保等一系列环节上继续加大力度，培育出有利于农业现代化所需要的良好的经济社会环境条件来。

（三）落实城乡一体化融合发展战略，尽量创造城乡融合发展所需要的一切必要政策环境条件

城乡居民点体系是人类共同的家园，随着工业化和城镇化进程的不断深化，城乡居民点的基础设施和自然生态景观逐步趋于一致化发展，城镇田园化、乡村城镇化，最后共同走在一起实现城乡融合一体化发展。为此，一是进一步改革户籍制度，使其有利于或服务于城乡人口自由流动的客观需求，为城乡融合发展提供必要的人力资本合理交流和配置机制；二是进一步改革土地管理制度，大胆地全面放开土地使用权的社会化，并辅之以土地使用权的法律制度保障和国家统一的具有法律效力的国土使用管制制度安排，为城乡融合发展，促进农业土地规模化、集约化和现代化提供必要的土地配置途径；三是要构建城乡统一、标准一致、渠道相同的覆盖全社会的基本社会保障体系，为城乡融合发展奠定坚实的社会保障制度基础，消除现代社会完全不必要的居民身份转变的制度性障碍。

参考文献

[1] 叶敏弦 . 县域绿色经济差异化发展研究 [D]. 福建师范大学，2014.
[2] 刘凯 . 生态脆弱型人地系统演变与可持续发展模式选择研究 [D]. 山东师范大学，2017.
[3] 苏迎平 . 生态文明视角下县域经济产业结构演变内在机理分析 [D]. 福建农林大学，2012.
[4] 刘志颐 . 内蒙古农牧交错带化德县生态经济模式研究 [D]. 中央民族大学，2013.
[5] 何建雄 . 基于“两型社会”建设目标的县域经济发展研究 [D]. 湖南农业大学，2013.
[6] 宋一 . 山西省国家级贫困县县域经济发展战略研究 [D]. 山西师范大学，2016.
[7] 胡灿伟 .“中部崛起”背景下湖北省县域经济组团发展研究 [D]. 华中农业大学，2011.
[8] 申松林 . 县域工业经济发展研究 [D]. 安徽大学，2013.
[9] 孟召宜 . 文化经济协同演化研究 [D]. 河南大学，2009.
[10] 杨建军 . 县域经济的可持续发展分析 [D]. 东北大学，2006.
[11] 李文利，赵玉香，赵银祥 . 县域经济发展战略模式和路径选择——以河北省唐山市为例 [J]. 农业现代化研究，2010，31（06）：656-659.
[12] 叶普万 . 陕西县域经济发展战略模式研究 [J]. 长安大学学报（社会科学版），2003（01）：44-48.
[13] 姜黎 . 中部崛起发展战略与县域经济发展模式选择 [D]. 华中师范大学，2012.
[14] 王秉安 . 基于资源配置战略的县域经济发展模式研究——以福建省上杭县“三资”运作战略

为例 [J]. 华东经济管理，2008，22（12）：47–50.

[15] 徐充，刘利 . 义乌模式与东北县域经济发展的战略选择 [J]. 北华大学学报（社会科学版），2007（06）：40–44.

[16] 张晓，张柱华 . 陕西县域经济发展战略模式研究 [J]. 延安大学学报（社会科学版），2002（04）：70–73.

[17] 徐蕾 . 基于中部崛起战略的县域经济发展模式研究——以湖北省汉川市为例 [J]. 经济研究导刊，2012（17）：74–76.

[18] 董晓燕 . 贵州县域经济发展的战略模式 [J]. 北方经贸，2014（11）：82–83.

[19] 赵静，刘子幸 . 论县域经济发展战略特点及其发展模式 [J]. 现代物业（中旬刊），2010，9（10）：24.

[20] 何晋 .《县域经济发展理论、模式与战略》简介 [J]. 系统工程，2001（03）：20.

第四章

经济活动的中层中尺度空间区域分析

按照“点线面”有机组合形成不同尺度和功能的城乡区域经济体系的分析框架，中层中尺度（都市圈）城乡区域经济体系，是指建立在“都市圈”基础上的城乡区域经济体系，其主要功能是实现空间区域市场一体化。众所周知，包括农业县域和非农都市县域在内的基层城乡县域并不是随意分布于地表之上的，而是有规律地按照非农都市县域带动若干农业县域有机地组合在一起，形成工农业和城乡地区相结合的“都市圈”，有序有结构地分布于地表空间之上的。因此，在中外各国行政区划体系中，作为中层中尺度城乡区域经济体系基础单元的“都市圈”是普遍存在的，只是各国的名称有所不同。在中国是指地级及以上城市包括所属县域的行政区划单元，在美国则是指没有行政隶属关系的大小都市圈（由一个 50 万人口以上的中心城市，或若干小城市集中分布形成的人口在 50 万人口以上的城市组团，与其周边人口交往和经济联系紧密的县域组成）。

事实上，城乡区域分工和空间市场一体化，本质上是一个经济事物的两个方面，分工是为了提高经济效率，而一体化市场是为了能够实现经济效率，以完成一个完整的经济周期。城乡区域分工主要发生在县域层次（更高层次的空间区域之间也存在分工和差异，主要表现为产业结构和体系的差异），而市场一体化则要求更大的空间范围，主要发生在都市圈或更大范围的空间层次上。因此，中层中尺度（都市圈）城乡区域经济体系遵循的是空间市场一体化原则，主要功能作用就是承担着城乡区域经济空间区域市场一体化的基本职责，并构成各国国民经济发展在空间区域格局上互联互通一体化的软硬件基础框架。

第一节 中层中尺度（都市圈）城乡区域经济体系的形成与分类

中层中尺度城乡区域经济体系基础单元的“都市圈”，是由基层非农都市县和一般农业县有机组合在一起形成的。在市场运行机制和政府必要的调控作用下，非农都市县和一般农业县在地表空间区域上，按照“以点带面”或“以城带乡”的组合模式，有规律地分布在地表空间区域上。一般来说，都市圈及其更高形态的城市群和城市集群的形成过程，可以大体上概括为“三个集中”。一是人口向城市集中形成都市圈。按照城镇化的基本规律，随着工业化和经济发展，人口和非农制造业不断向城镇集中，其中一些规模越来越大的城市，当其非农制造业产值超过了周边县域农业和以农产品为原料的初级加工业的产值比重时，都市和都市县就产生了。同时，都市和都市县与其周边的一般农业县形成紧密的人口和经济交往关系，就产生了都市圈，也就是中层中尺度城乡区域经济体系基础单元的都市圈。都市圈将非农都市和非农都市县有机组合在一起，形成了有规律的城乡区域一体化格局，而且有多少非农都市和都市县，就可以形成（或正在形成）多少城乡一体化的都市圈。二是城镇向平地集中形成城市群。事实上，众多的都市圈在地表空间区域上，也是有规律地集中组合分布在地形优越的平地之上的，并且构成中层中尺度内部更高层次的都市圈一体化组合体——三个或三个以上都市圈有机结合在一起形成的城市群。构成原因既包括需求侧的城乡区域分工专业化成果需要更广阔的空间市场的支持，同时也包括供给侧的制造业产品生产越来越复杂，制造业企业间合作要求的空间范围也越来越大，如制造业产品从一百个零部件组装到一千个、一万个、十万个乃至数十万个，则制造业企业间空间合作范围可以大到全国和全球。三是城市群向沿海平原、大江大河平原以及内陆大盆地集中形成城市集群。城市群还可以进一步融合形成中层中尺度内部空间一体化组合最高层次——三个或三个以上城市群构成的城乡区域一体化组合体——城市集群。因此，中层中尺度城乡区域经济体系由都市圈、城市群和城市集群构建，其主要功能是形成现代化空间市场一体化基本框架（判断公式：产品区域价格差等于其运费）。具体而言，中层中尺度城乡区域经济体系空间一体化的基本原因、动力和内容如下。

就城乡区域经济一体化的原因而言。一是城乡区域经济分工与空间市场一体化本身就是一个事物的两个方面，分工带来专业化和规模化，同时也要求空间市场一体化，这样才能有效实现分工带来的效益。二是都市圈、城市群和城市集群，具备产业类型齐全、城乡区域类型也齐全的特点，是空间区域一体化的基础和有效承担者，当然，其他类型和层次的空间区域都需要做到市场一体化，只是中层中尺度城乡区域经济体系的空间市场一体化功能更加突出，正如基层小尺度城乡区域经济体系中分工合作功能比较突出一样。

就城乡区域经济一体化的动力而言。一是市场机制的内在要求，市场经济的核心是市场竞争价格的形成和引导机制（即在越来越广阔的空间市场上，供给与需求双方通过合理有序的竞争过程，逐步形成各类产品和要素应有的价格和价值，由此引导资源配置的走向和经济活动的水平），市场空间越大，竞争形成的价格越合理。二是区域经济规模扩大，要求有越来越大的市场空间。因此，空间市场一体化成为区域均衡和协调发展的基本前提。

就城乡区域一体化的内容而言。实现空间市场一体化需要从硬件的互连互通和软件的互认互用两方面入手：一是硬件的互连互通（包括贸易畅通、资金融通、信息联通）是指区域间可流动产品和要素，如人流、物流、资金流和信息流等在地表空间上自由流动的范围越来越大、越来越顺畅；二是软件的互认互用（包括政策沟通、人心相通）是指产品质量和技术标准、经济财税制度、社会公共政策和生态环保要求等的相互认同和协商。

第二节 中国中层中尺度（都市圈）城乡区域经济体系

中层中尺度城乡区域经济体系，是以非农都市县为中心，以非农都市县和一般农业县有机组合形成的都市圈基本单元，构建的都市圈、城市群和城市集群三个内部层次的城乡区域经济一体化体系，各层次实现空间一体化的必要的连接手段就是“点与点”之间的交通运输硬件体系。下面就中国的中层中尺度城乡区域经济体系内部的三个层次及互连互通的交通运输硬件条件进行分析。

一、中国都市圈尚需要进一步增加数量

按照非都市县与周边一般农业县有机组合形成都市圈的定义，中国的都市圈指的是地级市（相当于美国的大小都市统计区中中心城市或中心城市组团人口在 50 万以上的都市统计区），主要承载着城乡之间的空间市场一体化的功能。2020 年，中国共有 342[①] 个地级及以上城市（包括 40 个地级行政区），形成了覆盖全国国土的多级都市圈体系（2017 年美国拥有 1009 个大小都市统计区，其中有 592 个中心城市或中心城市组团人口

① 国家统计局:《中国统计摘要（2021）》，中国统计出版社，2021。

在50万以上的都市统计区），包括：首都和直辖市都市圈，共计4个，即北京、上海、天津和重庆（重庆由4个地级市组成）；副省级城市和省会城市都市圈，共计32个，即15个副省级城市（广州、武汉、哈尔滨、沈阳、成都、南京、西安、长春、济南、杭州、大连、青岛、深圳、厦门、宁波；其中深圳、大连、青岛、宁波、厦门是计划单列市，其他都是省会城市）和其余17个省会都市圈（暂不包括港澳台地区）；地级都市圈，共计306个（包括40个地级行政区）等。需要指出的是，中国都市圈数量是远远不够的，按照“二八”县域经济分工原理，中国近3000个县域行政区划单元应该有600个地级和以上中心城市、非农都市县以及各级都市圈。目前，中国除了拥有342个地级及以上城市外，还拥有388个县级市，这些县级市是中国未来新增地级及以上城市的来源，以逐步实现地级及以上中心城市和都市圈总体数量达到600个左右，满足“二八”县域经济分工原理的目标要求。

二、中国城市群尚需要进一步扩大规模

国家“十三五”规划纲要提出了未来建设21个城市群的设想（其中真正意义上的城市群大约为12个），并将这些城市群建设确定为促进新型城市化推进的主要形式，其后国家陆续出台了一系列促进城市群发展的有关政策，并先后出台长三角城市群、京津冀城市群、珠三角城市群、成渝双城城市群和武汉城市群五大城市群规划，其他城市群规划也陆续出台。“十四五”规划进一步强调以促进城市群发展为抓手，全面形成“两横三纵”城镇化战略格局；优化提升京津冀、长三角、珠三角、成渝、长江中游等城市群，发展壮大山东半岛、粤闽浙沿海、中原、关中平原、北部湾等城市群，培育发展哈长、辽中南、山西中部、黔中、滇中、呼包鄂榆、

兰州—西宁、宁夏沿黄、天山北坡等城市群，表明了新时期推动新型城市群发展的重要性并指明了方向。

事实上，按照城市群为三个或三个以上都市圈构成的都市组合分工协作体系的定义，并按照“点”状的城市经济影响应该通过“线”状的交通网络覆盖整个“面”状的全部国土、多层次城市群分级以及确保行政区划完整以便于统计等原则，中国的城市群数量大约应该有77座。从本质上看，城市群是若干城市都市圈之间的分工合作和组合体系，在城乡区域经济体系中主要承担着都市圈区域之间的一体化组合功能，以形成更大更强的中尺度区域经济综合竞争主体，应当以级别最高的都市圈来命名。因此，按照多层次分类方法，城市群可以分为三类：一类是首都和直辖市城市群，如京津冀中心城市城市群、上海长三角城市群、重庆成渝城市群等；二类是副省级和省会中心城市城市群，如沈阳辽中南城市群、大连辽东半岛城市群等；三类是地级中心城市城市群，如江苏南部的苏锡常城市群、湖北西北部的襄十随神城市群以及四川盆地南部的宜宾—泸州—自贡—内江城市群。

三、中国的城市集群尚需进一步加大培育力度

中国正在规划和建设中的城市集群有沿海的以“长三角”为核心的沪苏浙（皖）地区（为世界六大城市集群之一）、以“珠三角”为核心的粤闽琼地区、环渤海地区，以及中西部的以武汉为中心的长江中游平原地区和以成渝为中心的四川盆地城市集群等。

事实上，城市集群的含义也在不断丰富和完善，目前其基本定义是指三个或三个以上城市群组合构成的都市分工协作体系，其本质是反映人类城镇在地球表面大块平原和平地空间上，高度集中并全面覆盖式布局的一种现象，即人口和城镇形成多种城市群，这些城市群进一步集中

分布并占领整个平原和平地，构建成为城市集群。根据以上定义，中国的七大平原和平地地区将形成七大城市集群体系，即在东北平原上正在形成的东北地区城市集群、在华北平原上初步形成的京津冀鲁豫城市集群、在长江中下游平原初步形成的沪苏浙皖鄂湘赣城市集群、在东南沿海平原地区初步形成的粤港澳闵桂珠城市集群、在四川盆地和汉中盆地初步形成的成渝陕南城市集群、在关中平原—天水—汾河流域平原平地正在形成的城市集群，以及在河套地区—兰州西宁黄河湟水河谷—河西走廊平原平地正在形成的城市集群。

四、空间市场一体化的硬件基础

中心城市、都市圈、城市群和城市集群都是多层次城乡区域经济体系一体化的具体形式，而将它们有效连通起来的硬件基础设施，就是包括交通运输体系在内的互联互通的网络体系。完善的互联互通的网络体系主要包括全国城乡区域、城市群区域和基层县域区域等几个层次。

——全国城乡区域一体化互联互通的网络体系。目的是实现包括三大地形经济区、八大跨省区综合经济区以及七大城市集群之间的互联互通——“四纵四横”的交通网络体系。具体内容是落实国家整个区域沿海、沿江、沿线和沿边的“四沿”战略，构建全国国土开发的“四纵四横”的“一日经济圈”交通网络体系。其中的“四纵”指：沿海纵线，大连、威海、青岛、连云港、上海、福州、汕头、广州、北海等；京哈—京九线；二三线，二连浩特—包西线—西安重庆线—重庆贵阳南宁线—南宁湛江海口线—海口三（亚或沙）线；西部沿边线，阿尔泰—伊犁—喀什—阿里—拉萨线。其中的“四横”指：北方捷道，大连、京津、包头、临河、哈密、乌鲁木齐、阿拉山口口岸（霍尔果斯）等；陇海线—兰西线—西格—格喀线；沿江线，沪汉蓉—成都拉萨线；台湾福州—福州南昌长沙线—长沙贵阳昆明瑞丽线。

——城市群区域一体化互联互通的网络体系。目的是实现省区和城市群之间的多层次“线性直线三角形”互联互通。要按照“腹地决定人口、经济和城镇分布”和“人口向城镇集中、城镇向平地集中”的人口两集中原理，以全国空间范围人口、经济和城镇“大分散、小集中”，城市群体系内部“大集中、小分散”为基本原则，以中心城市、城市群和城市集群等层次构建覆盖全国所有国土的一体化立体综合联通网络体系。其中，全国340多个地级及以上城市（包括所有地级行政区）构成一个层次的“线性直线三角形”联通体系，全国按照三个及以上中心城市形成的77个城市群（其中目前已被国家认可的真正意义上的城市群仅16个、省区认可的城市群为30多个）构建高一个层次的“线性直线三角形”联通体系，七大城市集群构成更高一个层次的“线性直线三角形”联通体系。

——基层县域区域一体化互联互通的网络体系。目的是实现都市圈和城镇乡村之间的互联互通。构建有效连接所有县城、建制镇和行政村等居民点的多层次“线性直线三角形”联通网络体系（要做到“逢山开路、遇水架桥”，尽量满足直线联通的要求），对比中美基层县域联通网络体系，特提出两点建议：一是努力增加地级及以上城市数量，城市数量越多，区际关系越紧密；二是要消除“断头路”“缺边路”（或绕弯路）和“基层缺少路”现象，完善行政村以上居民点“线性直线三角形”道路网络体系，为农业现代化和乡村振兴创造条件。

第三节　国外主要国家中层中尺度（都市圈）城乡区域经济体系

一般而言，西方发达国家由中心城市、都市圈、城市群和城市集群体系组成的中层中尺度（都市圈）城乡区域经济体系已经十分成熟和完善，确保其全国性的城乡区域一体化的互联互通网络体系也已完备。包括中国在内的广大发展中国家中层中尺度（都市圈）城乡区域经济体系及其互联互通的网络体系尚处于要进一步完善的状态。

一、典型发达国家完备的中层中尺度（都市圈）城乡区域经济体系

（一）美国中层中尺度（都市圈）城乡区域经济体系

2013 年，美国行政管理和预算局将美国都市圈（urban areas）定义为，人口在 5 万人及以上的中心城市或中心城市组团所在县域（或若干县域），与周边若干农业县域共同组合而形成的城市与县域综合经济区域。在都市圈的基础上，美国还定义了由若干个都市圈组合而成的城市群（urban agglomerations）以及由若干城市群组合而成的城市集群（城市绵延带）。2020 年，美国都市圈共计 592 个，如纽约市—纽瓦克—新泽西城都市统计区（2019 年人口为 1921.62 万人）；城市群达 175 个，如纽约—纽瓦克联都市统计区；城市集群达 6 个，即波士顿—纽约—华盛顿城市绵延带（由波士顿、纽约、纽黑文、费城、华盛顿五个大城市组成，人口达 3000 万）、五大湖南部城市绵延带、西部沿大西洋城市绵延带、东南沿海城市绵延带、南部沿海城市绵延带和中部沿密西西比河—密苏里河沿岸城市绵延带。

以纽约中心城市、纽约都市圈、纽约城市群和纽约城市集群为例，说明美国的中层中尺度（都市圈）城乡区域经济体系，见表 4–1。

表 4–1　美国的中层中尺度（都市圈）城乡区域经济体系
（以纽约市为中心城市的都市圈、城市群和城市集群）

名称	人口（万人）	面积（平方千米）	范围
中心城市：纽约市	833.68	784	曼哈顿、布鲁克林、皇后区、布鲁克斯和斯塔滕岛 5 区（郡）
都市圈：纽约市—纽瓦克—新泽西城都市统计区	1921.62	17500	纽约市—纽瓦克—新泽西城都市统计区
城市群：纽约—纽瓦克联都市统计区	2258.90	—	纽约市—纽瓦克—新泽西城都市统计区； 剑桥港—斯坦福德—诺沃克联合大都市统计区； 纽黑文—米尔福德联合大都市统计区； 波基普西—纽堡—米德尔敦—纽约大都市统计区； 特伦顿—林斯顿联合新泽西州大都市统计区； 托林顿联合小都市统计区； 金斯敦纽约大市会统计区； 东斯特劳斯堡 PA 大都市统计区
城市集群：波士顿—纽约—华盛顿城市绵延带	3000.00	—	波士顿、纽约、纽黑文、费城、华盛顿

资料来源：美国行政管理和预算局网站，2019 年数据。

（二）英国中层中尺度（都市圈）城乡区域经济体系

仅就英格兰而言，其中层中尺度（都市圈）城乡区域经济体系大体情况如下：1998年后，英格兰设有41个郡，包括1个大伦敦郡、9个都市郡和31个一般郡（内含46个分散的独立郡级市）。这些都市郡和一般郡有机组合形成9个都市圈、5个城市群以及1个城市集群。

英国（英格兰）9个都市圈分别为：一是大伦敦都市圈，中心城市为包括伦敦市在内的内伦敦12个区，所辐射郡域为外伦敦20个区；二是东区都市圈，中心城市为剑桥市，所辐射郡域包括剑桥郡、诺福克郡等6个一般郡和彼得伯勒市等4个独立郡级市（从牛津到彼得伯勒是英国著名的高科技走廊）；三是东南区都市圈，中心城市为牛津市，所辐射郡域包括原伯克都市郡1个都市郡、牛津郡等7个一般郡和南安普顿等6个独立郡级市；四是西南区都市圈，中心城市是布里斯托尔市，所辐射郡域包括布里斯托尔1个都市郡、格洛斯特郡等6个一般郡和普利茅斯等5个独立郡级市；五是中西区都市圈，中心城市为伯明翰市，所辐射郡域包括伯明翰1个都市郡、斯塔福德郡等4个一般郡和斯托克等3个独立郡级市；六是中东区都市圈，中心城市为诺丁汉市，所辐射郡域包括诺丁汉郡等5郡和诺丁汉等4个都市郡级市；七是西北区都市圈，中心城市为曼彻斯特市和利物浦市，所辐射郡域包括曼彻斯特都市郡、利物浦都市郡2个都市郡，柴郡等3个一般郡和黑浦等4个独立郡级市；八是约克郡和亨伯区都市圈，中心城市为利兹市和设菲尔德市，所辐射郡域包括利兹都市郡、设菲尔德都市郡2个都市郡，北约克郡1个一般郡和约克等5个独立郡级市；九是东北区都市圈，中心城市为纽卡斯尔市，所辐射郡域包括纽卡斯尔都市郡，达勒姆郡、诺森伯兰郡2个一般郡和达林顿等5个独立郡级市。

英国（英格兰）4个城市群分别为：一是大伦敦—剑桥—牛津—原伯克都市郡城市群；二是布里斯托尔—加迪夫（威尔士）城市群；三是曼彻斯特—利物浦—伯明翰城市群；四是利兹—设菲尔德—诺丁汉城市—纽卡斯尔群。

英国（英格兰）1个城市集群为，伦敦—牛津—伯明翰—曼彻斯特—利物浦，是英国（英格兰）最发达富裕的地区。

以伦敦中心城市、伦敦都市圈、伦敦城市群和伦敦城市集群为例，说明英国（英格兰）的中层中尺度（都市圈）城乡区域经济体系，见表4–2。

表4–2　英国的中层中尺度（都市圈）城乡区域经济体系（以内伦敦为中心城市的都市圈、城市群和城市集群）

名称	人口（万人）	面积（平方千米）	范围
中心城市：伦敦市和内伦敦12区	—	305.6	伦敦市和内伦敦12区
都市圈：大伦敦都市郡	890	1605	伦敦市、内伦敦12区和外伦敦20区
城市群：伦敦—牛津—剑桥城市群	2236	39100	大伦敦、东南区和东区
城市集群：大伦敦伯明翰—曼彻斯特城市绵延带	—	—	大伦敦（牛津、剑桥）、伯明翰（德比）、曼彻斯特（利物浦、设菲尔德、曼菲尔德）

资料来源：《英国地图册》，人口为2017年数据。

（三）法国中层中尺度（都市圈）城乡区域经济体系

2016年法国设有13个大区（由原22个大区合并而成，相当于中国的“省”）、96个省（相当于中国的“县”），可分为13个都市圈、4个城市群和1个城市集群。

法国13个都市圈（即13个大区）分别为：一是大巴黎都市圈（即法兰西岛大区），中心城市为巴黎市辐射塞纳—圣但尼省等7个省，是法国经济最发达的地区；二是第戎都市圈（即勃艮第—弗朗什—孔泰大区），中心城市为第戎市，辐射科多尔省等8个省；三是斯特拉斯堡都市圈（即大东部大区），中心城市为斯特拉斯堡，辐射阿登省等10个省；四是里尔都市圈（即上法兰西大区），中心城市为里尔，辐射诺尔省等5个省；五是鲁昂都市圈（即诺曼底大区），中心城市为鲁昂，辐射滨海塞纳省等5个省；六是马赛都市圈（即普罗旺斯—阿尔卑斯—蓝色海岸大区），中心城市为马赛市，辐射普罗旺斯、阿尔卑斯省等6个省；七是里昂都市圈（即奥弗涅—罗讷—阿尔卑斯大区），中心城市为里昂市，辐射安省等12个省；八是阿雅克肖都市圈（即科西嘉岛大区），中心城市为阿雅克肖，辐射南科西嘉、上科西嘉2个省；九是奥尔良都市圈（即中央—卢瓦尔河谷大区），中心城市为奥尔良市，辐射卢瓦雷省等6个省；十是南特都市圈（即卢瓦尔河地区），中心城市为大西洋卢瓦尔省首府南特市，辐射大西洋卢瓦尔省等5个省；十一是雷恩都市圈（即布列塔尼大区），中心城市为伊勒—维莱讷省首府雷恩市，辐射莫尔比昂省等4个省；十二是波尔多都市圈（即新阿基坦大区），中心城市为吉伦特省首府波尔多市，辐射多尔多涅省等12个省；十三是图卢兹都市圈（即奥克西塔尼大区），中心城市为上加龙省首府图卢兹市，辐射阿列日省等13个省。

法国4个城市群分别为：一是法国北部以巴黎为中心的塞纳河流域城市群，由大巴黎都市圈、第戎都市圈、斯特拉斯堡都市圈、里尔都市圈和鲁昂都市圈5个大区组成；二是法国东南部的罗纳河流域以马赛和里昂为中心的城市群，由马赛都市圈、里昂都市圈和阿雅克肖都市圈3个大区组成；三是法国西部的卢瓦尔流域以奥尔良为中心的城市群，由奥尔良都市圈、南特都市圈和雷恩都市圈3个大区组成；四是法国西南部的加龙河流域以波尔多和图卢兹为中心的城市群，由波尔多都市圈、图卢兹都市圈2个大区组成。

法国1个城市集群为法国北部以巴黎为中心的塞纳河流域城市群与法国东南部的罗纳河流域以马赛和里昂为中心的城市群组成的城市集群，是法国经济最发达的地带。

以法国巴黎中心城市、大巴黎都市圈、大巴黎城市群以及大巴黎城市集群为例，说明法国的中层中尺度（都市圈）城乡区域经济体系，见表4–3。

表 4–3　法国中层中尺度（都市圈）城乡区域经济体系
（以巴黎市为中心城市的都市圈、城市群和城市集群）

名称	人口（万人）	面积（平方千米）	范围
中心城市：巴黎市和周边 3 个近郊省	694.5	814.5	巴黎市、塞纳—圣但尼省、瓦勒德马恩省以及上塞纳省
都市圈：巴黎市及周边 7 个省	—	—	巴黎市，塞纳—圣但尼省、瓦勒德马恩省、上塞纳省、瓦勒德瓦兹省、伊夫林省、埃松省和塞纳—马恩省 7 个省
城市群：法国北部以巴黎为中心的塞纳河流域城市群	—	—	大巴黎都市圈、第戎都市圈、斯特拉斯堡都市圈、里尔都市圈和鲁昂都市圈
城市集群：法国北部到东南部经济最发达地带	—	—	法国北部以巴黎为中心的塞纳河流域城市群与法国东南部的罗纳河流域以马赛和里昂为中心的城市群

资料来源：《法国地图册》，人口为 2017 年数据。

（四）德国中层中尺度（都市圈）城乡区域经济体系

2016 年德国设有 16 个州（其中柏林、汉堡和不来梅为三个都市州）、400 个郡（包括 107 个城市郡和 293 个乡村郡），郡以下再划分 13175 个市镇。这些州、郡和市镇，可有机组合成 12 个都市圈、3 个城市群和 1 个城市集群。

德国 12 个都市圈分别为：一是柏林—波茨坦都市圈（包括柏林州和勃兰登堡州），中心城市为柏林市和波茨坦市，辐射郡域包括 5 个城市郡和 14 个乡村郡；二是什未林都市圈（即梅克伦堡—前波莫瑞州），中心城市为什未林市，辐射郡域包括 2 个城市郡和 6 个乡村郡；三是汉堡—基尔都市圈（包括汉堡州和石勒苏益格—荷尔斯泰因州），中心城市为汉堡市和基尔市，辐射郡域包括 5 个城市郡和 11 个乡村郡；四是莱比锡—德累斯顿都市圈（即萨克森州），中心城市为莱比锡（德国东部第二大城市）和德累斯顿（州府），辐射郡域包括 7 个城市郡和 22 个乡村郡；五是马格德堡都市圈（即萨克森—安哈特州），中心城市为马格德堡市，辐射郡域包括 3 个城市郡和 21 个乡村郡；六是不来梅—汉诺威都市圈（包括不来梅州和下萨克森州），中心城市为不来梅市和汉诺威市，辐射郡域包括 9 个城市郡和 38 个乡村郡；七是鲁尔地区都市圈（即北莱茵—威斯特法伦州），中心城市众多，主要包括杜塞尔多夫、埃森、科隆和波恩等，辐射郡域包括 22 个城市郡和 31 个乡村郡；八是法兰克福—威斯巴登都市圈（即黑森州），中心城市为法兰克福市和威斯巴登市（州府），辐射郡域包括 5 个城市郡和 21 个乡村郡；九是美因茨—萨尔布吕肯都市圈（包括莱茵兰—普法尔茨州和萨尔州），中心城市为美因茨市和萨尔布吕肯市，辐射郡域包括 13 个城市郡和 29 个乡村郡；十是魏玛—埃尔富特都市圈（即图林根州），中心城市为魏玛市和埃尔富特市，辐射郡域包括 6 个城市郡和 17 个乡村郡；十一是斯图加特都市圈（即巴登—符腾堡州），中心城市为斯图加特市，辐射郡域包括 6 个城市郡和 17 个乡村郡；十二是慕尼黑都市圈（即拜恩州），中心城市为慕尼黑市，辐射郡域包括 25 个城市郡和 71 个乡村郡。

德国 3 个城市群分别为：一是北德易北河流域平原地区城市群，由柏林—波茨坦都市圈、什未林都市圈、汉堡—基尔都市圈、莱比锡—德累斯顿都市圈、马格德堡都市圈、不来梅—汉诺威都市圈 6 个都市圈组成；二是中德莱茵河流域平原丘陵城市群，由鲁尔地区都市圈、法兰克福—威斯巴登都市圈、美因茨—萨尔布吕肯都市圈、魏玛—埃尔富特都市圈 4 个都市圈组成；三是南德多瑙河流域河谷平地丘陵山地城市群，由斯图加特都市圈、慕尼黑都市圈 2 个都市圈组成。

德国 1 个城市集群为与欧洲运河连接起来的莱茵河流域与多瑙河流域

城市集群，由中德莱茵河流域平原丘陵城市群和南德多瑙河流域河谷平地丘陵山地城市群组成，由德国若干老工业基地和新工业基地共同组成。

以鲁尔地区、鲁尔地区都市圈、中德莱茵河流域平原丘陵城市群，以及莱茵河流域与多瑙河流域城市集群为例，说明德国的中层中尺度（都市圈）城乡区域经济体系，见表 4–4。

表 4–4　德国中层中尺度（都市圈）城乡区域经济体系（以鲁尔地区为中心城市的都市圈、城市群和城市集群）

名称	人口（万人）	面积（平方千米）	范围
中心城市：鲁尔地区	500	4435	杜塞尔多夫、埃森、多特蒙德、杜伊斯堡、科隆等 11 个市和 4 个郡
都市圈：鲁尔地区都市圈	1789	34113	北莱茵—威斯特法伦州组成，包括 22 个城市郡和 31 个乡村郡
城市群：中德莱茵河流域平原丘陵地区	3132	93853	鲁尔地区都市圈、法兰克福—威斯巴登都市圈、美因茨—萨尔布吕肯都市圈、魏玛—埃尔富特都市圈
城市集群：莱茵河流域与多瑙河流域城市集群	5520	200080	中德莱茵河流域平原丘陵城市群和南德多瑙河流域河谷平地丘陵山地城市群

资料来源:《德国地图册》，人口为 2017 年数据。

（五）日本中层中尺度（都市圈）城乡区域经济体系

日本有 47 个都道府县，即 1 个东京都、1 个北海道、2 个府（京都府和大阪府）和 43 个县，其下再划分为市镇町村。这些都道府县和市镇町村，可有机组合成为 8 个都市圈、4 个城市群和 1 个城市集群。

日本 8 个都市圈分别为：一是东京都市圈（又称关东都市圈），中心城市为东京市，辐射县域为东京都和神奈川（横滨市）、千叶（千叶市）、埼玉、群马、栃木和茨城 6 县；二是名古屋都市圈（又称中部都市圈），中心城市为名古屋市，辐射县域为爱知、静冈等 9 个县域；三是大阪市—京都市都市圈（又称京畿都市圈），中心城市为大阪市和京都市，辐射县域为大阪府、滋贺等5县；四是广岛都市圈（又称中国地区都市圈），中心城市为广岛县广岛市，辐射县域为广岛、冈山等5县；五是仙台都市圈（又称东北地区都市圈），中心城市为宫崎县仙台市，辐射县域为青森、秋田等6县；六是高松都市圈（又称四国地区都市圈），中心城市为香川县高松市，所辐射县域为爱媛、香川、德岛、高知4县；七是北九州—长崎都市圈（又称九州地区都市圈），中心城市为宫城县仙台市，辐射县域为福冈、佐贺等8县；八是札幌都市圈（又称北海道都市圈），中心城市为札幌市，辐射县域为道区下所设的14个支厅。

日本4个城市群分别为：一是东京都市圈、横滨都市圈、千叶都市圈；二是仙台都市圈、札幌都市圈；三是名古屋都市圈、大阪京都都市圈；四是广岛都市圈、高松都市圈、北九州长崎都市圈。

日本1个城市集群由东京—名古屋—大阪—京都—北九州组成，是日本沿东京湾、伊势湾、大阪湾和濑户内海分布的世界级发达工业地带。

以东京中心城市、东京都市圈、东京城市群、东京城市集群为例，说明日本的中层中尺度（都市圈）城乡区域经济体系，见表4–5。

表4–5　日本中层中尺度（都市圈）城乡区域经济体系（以东京市为中心城市的都市圈、城市群和城市集群）

名称	人口（万人）	面积（平方千米）	范围
中心城市：东京市	895	621	千代田区、中央区、港区等23个区
都市圈：东京都	1294	2188	东京市，以及西郊多摩地区的28个市、6町8村和小笠原诸岛
城市群：东京都市圈、横滨都市圈、千叶都市圈	4238	32000	东京都和神奈川、千叶、埼玉、群马、枥木和茨城
城市集群：东京—名古屋—大阪—京都—北九州	—	—	关东地区、中部地区、“中国地区”、四国地区和九州地区

资料来源：《日本地图册》，人口为2016年数据。

二、以俄罗斯为代表的发展中国家正在形成中的中层中尺度（都市圈）城乡区域经济体系

俄罗斯县级行政区划单元由自治区和市组成，2019 年共计 2345 个区市，其中市为 614 个，其中相当于中国地级及以上市为 200 多个（包括 83 个州级市）。这些区市可有机组合成为 200 多个都市圈、16 个城市群（州级市）和 1 个城市集群。

俄罗斯主要都市圈分别为：一是莫斯科都市圈（又称莫斯科州），中心城市为莫斯科市，辐射区市为 10 个区和 56 个市；二是圣彼得堡都市圈（又称列宁格勒州），中心城市为圣彼得堡市，辐射区市为 11 个区和 1 个市；三是下诺夫哥罗德都市圈（又称下诺夫哥罗德州），中心城市为下诺夫哥罗德，辐射区市为 38 个区和 14 个市；四是罗斯托夫都市圈（又称罗斯托夫州），中心城市为罗斯托夫市，辐射区市为 43 个区和 12 个市；五是叶卡捷琳堡都市圈（又称斯维尔德洛夫斯克州），中心城市为叶卡捷琳堡市，辐射区市为 5 个区和 68 个市；六是新西伯利亚都市圈（又称新西伯利亚州），中心城市为新西伯利亚市，辐射区市为 30 个区和 5 个市；七是符拉迪沃斯托克（海参崴）都市圈（又称滨海边疆区），中心城市为符拉迪沃斯托克（海参崴）市，所辐射区市为 22 个区和 12 个市。

俄罗斯有 16 个城市群，其中最主要的四个城市群分别为：一是中央城市群，由莫斯科首都圈、梁赞市都市圈、图拉都市圈、卡卢加都市圈、斯摩棱斯克都市圈、特维尔都市圈、雅罗斯拉夫尔都市圈和弗拉基米尔都市圈组成；二是西北城市群，由圣彼得堡都市圈、彼得罗扎沃茨克都市圈、沃洛格达都市圈、诺夫哥罗德都市圈和普斯科夫都市圈组成；三是伏尔加流域城市群，由下诺夫哥罗德都市圈、基洛夫都市圈、约什卡尔奥拉都市圈、切博克萨雷都市圈、萨兰斯克都市圈组成；四是乌拉尔山脉地区

城市群，叶卡捷琳堡都市圈、秋明都市圈、库尔干都市圈、车里雅宾斯克都市圈组成。

俄罗斯1个城市集群由中央—西北—伏尔加河流域—乌拉尔山脉地区四大城市群组成，是俄罗斯经济的核心地带。

以莫斯科中心城市、莫斯科都市圈、中央城市群以及中央—西北—伏尔加河流域—乌拉尔山脉地区城市集群为例，说明俄罗斯的中层中尺度（都市圈）城乡区域经济体系，见表4–6。

表4–6　俄罗斯中层中尺度（都市圈）城乡区域经济体系案例分析

名称	人口（万人）	面积（平方千米）	范围
中心城市：莫斯科市	850	1000	
都市圈：莫斯科都市圈（莫斯科州）	1857	47000	莫斯科市和10个区、56个市
城市群：中央城市群	—	—	莫斯科首都圈、梁赞市都市圈、图拉都市圈、卡卢加都市圈、斯摩棱斯克都市圈、特维尔都市圈、雅罗斯拉夫尔都市圈和弗拉基米尔都市圈
城市集群：中央—西北—伏尔加—乌拉尔	—	—	中央区、西北区、伏尔加河流域和乌拉尔山脉地区

资料来源：《俄罗斯地图册》，人口为2015年数据。

第四节　中层中尺度（都市圈）城乡区域经济体系面临的主要问题与对策

一、主要问题

（一）中心城市、非农都市县和都市圈数量严重不足，未能满足“二八”县域经济分工原理的要求

这里的中心城市是指地级及以上行政级别的实体城市，其基本特点是：

实体城市非农产业的增加值明显大于其所在县域的农业增加值，而且也大于其所在都市圈的所有农业县的农业增加值总和。中心城市是该都市圈地区的工业化城镇化的核心载体和基地，不仅肩负着该都市圈地区的工业化城镇化的重任，而且肩负着农业机械化和现代化的历史任务，同时也承担着避免污染环境、破坏生态的责任。一般而言，承担上述重任和责任的中心城市，一方面要具有一定的城市人口规模和非农产业规模，才能有效带动周边一定数量的农业县域经济的发展，另一方面其带动的周边农业县域数量也必须限制在一定的数量之内，一般为 3 ~ 4 个农业县域。因此，中心城市和非农都市县域的数量与农业县域数量之间有一定的比例关系，这样才能保障工业化、城镇化和农业现代化之间结构合理和协调发展。

从西方发达国家的实践经验来看，一个中心城市和非农都市县能够带动和辐射周边 3 ~ 4 个农业县，形成较为稳定的工业化、城镇化和农业现代化协调发展的都市圈空间结构格局。而发展中国家，由于工业化、城镇化和农业现代化尚在发展中，上述协调发展的都市圈空间结构格局尚未形成，其主要问题是中心城市的数量尚不足（甚至是严重的不足），因此，努力增加中心城市、非农都市县和都市圈数量，就成为发展中国家进一步推进工业化、城镇化和农业现代化，构建协调合理的中层中尺度（都市圈）城乡区域经济体系的首要任务。

（二）城乡居民点之间互连互通的交通硬件的多层次“线性直线三角形”路网体系尚不完善，存在“断头路”“缺边路”和乡村基层路网不足等问题

多层次“线性直线三角形”路网体系，是指构建都市圈、城市群和城市集群区域内外，各层次中心城市之间、县城之间、乡镇之间和村庄之间的互连互通“线性直线三角形”路网体系，以及城乡之间的必要的

补充性线路体系。发达国家上述体系是比较完善的，而发展中国家多少存在一些问题。其中，“断头路”是指两个城乡居民点之间没有通行的路，可能是地形的原因，也可能是技术不足的原因，还可能是两者之间人员和经济联系达不到要求等原因；“缺边路”是指同层次三个相邻的城乡居民点之间缺少一条或多条直接通行的路，分别称为“缺一边路”“缺两边路”和“缺三边路”（相当于同层次三个相邻居民点之间完全独立，没有人员经济的交流和往来）；乡村基层路网不足问题是指层次较低的居民点之间，尤其是建制村和自然村一级居民点之间，受到经济发展水平落后的严重影响，而容易忽视必要的交通等基础设施的建设，从而出现基层交通路网不完善的现象，越是经济落后的国家，越容易出现这样的现象（一般说来，交通层次越低，交通网络被疏忽的程度也就越高）。

（三）城乡区域之间互联互通的软件条件方面，存在许多体制机制上的障碍

主要包括产品服务市场、生产要素市场和市场治理监管等方面的障碍。从产品和服务空间市场一体化方面体制机制障碍看，主要是关税壁垒，如一般关税壁垒、高关税壁垒和惩罚性关税壁垒等，以及非关税壁垒，如技术标准壁垒、生态环境壁垒和资源消耗壁垒等。从生产要素空间市场一体化方面体制机制障碍看，主要有：人力资源壁垒，如学历要求、技能要求、年龄性别要求等；土地资源壁垒，如土地权益获取的身份限制、土地用途性质改变合理的限制等；水资源和能矿资源壁垒，如开发人员与企业性质的限制、资源跨地区合理流动的限制等；资金流动壁垒，如借贷地域的限制等；信息数字交易壁垒，如数字信息技术标准、数字信息交易、数字信息统一采集等。从治理和监管体系机制障碍看，包括户籍制度壁垒、产品准入壁垒、要素准入壁垒以及税收标准政策等方面差异化壁垒等。

二、主要对策

（一）逐步有效增加地级及以上中心城市的数量

要遵循国民经济发展的一般规律，顺应时代潮流，充分发挥后发优势，按照区域性行政区划和城镇性行政区划合理分设、中心实体城市明确空间范围（空间范围可以缩小但其经济影响和带动能力可以扩大）、以城镇经济主导和带动周边区域经济，以及城市经济影响和带动国土全覆盖等原则措施的要求，有规划地从地级、省会（副省级）到直辖市，从东部逐步向中西部，从相对发达的省区向相对落后省区，从平原平地向丘陵山区逐步推进设立中心城市的进程，最终实现“二八”县域经济分工原理的基本要求，为城乡区域经济尽快实现优势互补和空间一体化的全国统一的“一盘棋”格局打下良好的基础。另外，还要强调农业县的功能和作用（也可考虑在有效精简基层机构和精减公务员的基础上，适当增设一些县域，以便缩小基层政府或公共机构管理范围，提高行政管理效率），使它们成为农产品加工和农业产业服务的中心基地，努力将农产品附加值的产业链留在农业县。

（二）尽快完善交通硬件路网的多层次“线性直线三角形”体系

根据不同层次城乡居民点之间交通硬件网络面临的问题，有针对性地制定完善网络体系的具体对策。直辖市、副省级城市和省会城市等高层次居民点体系之间，主要是合理增加路网密度和提升网络质量，以解决运输能力不足和运输效率问题。地级市和县城等中等规模居民点之间，主要是针对构建都市圈和城市群的需要，加速解决交通网络体系中存在的“断头路”“缺边路”问题，最大限度地完善现代立体交通网络体系建设，为城乡区域经济一体化创造基本条件。建制镇、建制村和自然村等基层居民点之间，主要是进一步完善必要的交通网络体系，强化农业现代化前提是农村交通运输网络体系优先建设的基本理念。至于各高层、中层和基层居民点之间的交通网络联系，一是靠各层次网络之间的交叉衔接解决，二是可修建专门的必要的连接线路加以解决，三是靠更先进的具有顶层设计性质的全国统一居民点之间统一的“线性直线三角形”交通网络规划体系，分不同线路级别加以建设和有效解决。

（三）努力消除城乡区域之间互联互通体制机制障碍

建立国家统一规划、建设和管理的全国一体化交通运输体系的体制机制，一次规划、分步分阶段实施、统一管理，以解决交通基础设施建设中常常出现的“断头路”“缺边路”问题，以及基层交通网络体系不足和缺失问题。一是构建城乡统一的新型居民户籍管理制度，让行政户籍管理回归原来的统计功能，消除其限制人员合理流动的附加功能；二是改革企业属地管理制度，建立全国统一的垂直管理的企业登记注册制度，不得限制企业的经营地域空间范围；三是结合国有资产战略结构合理调整布局，逐步加大全国统一交通网络基础设施资产和投资转移的力度，并逐步有序回收和取消国道、省道和县道收费管理体系，强化和加大国家统一的交通基础设施投资、税收、经营和管理体系的建设力度，提升全国一体化交通运输网络统一经营管理水平和整体效益。

参考文献

[1] 周明生，李宗尧，孙文华 . 田园城市：统筹城乡发展的一种城市理想形态——来自江苏苏北地区的调研与思考 [J]. 江苏城市规划，2009（03）：7–11.

[2] 苏玉栋 . 焦作市区位条件与中原城市群一体化研究 [J]. 特区经济，2009（12）：203–206.

[3] 厉无畏 . 进一步推动长三角一体化发展 [J]. 中国城市经济，2010（02）：10–12.

[4] 王晗，王一平．长吉一体化区域产业一体化发展研究 [J]. 商场现代化，2011（02）：119–120.
[5] 齐新明．嘉峪关——酒泉一体化发展的思考 [J]. 城乡建设，2011（05）：36–37.
[6] 章群．关于推进半岛城市群一体化发展的思考 [J]. 青岛科技大学学报（社会科学版），2005（02）：30–32.
[7] 吴先华，郭际．长三角一体化的矛盾根源与政府职能思考 [J]. 经济与管理，2006（04）：10–13.
[8] 欧阳涛，吴金明．长株潭产业一体化的 SWOT 分析 [J]. 经济地理，2006（03）：400–404.
[9] 左丽华．职业学院与地方经济一体化发展的体制构建 [J]. 职业时空，2006（23）：7.
[10] 杨建华．长三角一体化发展的困境及对策 [J]. 南通大学学报（社会科学版），2007（02）：1–9.
[11] 马波．旅游业的转型与区域旅游合作——兼论中、日、韩旅游合作的推进 [J]. 旅游学刊，2007（05）：24–28.
[12] 奇海兰．延龙图地区经济一体化的可能性与制约因素 [J]. 中国集体经济（下半月），2007（01）：8–9.
[13] 段保乾，王志淘．中国煤电企业一体化问题分析 [J]. 特区经济，2008（01）：219–220.
[14] 李家伟，刘秉镰．城市群交通基础设施一体化发展的制度途径研究 [J]. 物流技术，2008（04）：5–7.
[15] 杜漪，马法洲，李真．我国第三方物流一体化发展路径研究 [J]. 生产力研究，2008（19）：84–85.
[16] 孙光丞，吴祖峰．生态文明背景下的公交一体化发展——以余慈中心城为例 [J]. 宁波经济（三江论坛），2009（02）：19–21.
[17] 杨平．珠江三角洲地区一体化的初步分析 [J]. 岭南学刊，2009（02）：5–7.
[18] 常丽．东北区域经济一体化的路径选择 [J]. 商场现代化，2009（15）：144–145.
[19] 杨敏，周尚万．论珠江三角洲区域经济聚集效应与一体化 [J]. 社会主义研究，2009（03）：101–105.
[20] 张婷，刘应洪．成都平原城市圈经济一体化发展研究 [J]. 特区经济，2009（02）：193–194.

第五章

经济活动的高层大尺度空间区域分析

按照“点线面”有机组合形成不同大小尺度的城乡区域经济体系的分析框架，高层大尺度（跨省区）城乡区域经济体系，是指按照一定的自然和人文因素及规则，由多个都市圈和城市群组成的“省域”基本区域单元构成的具有一定综合竞争能力的城乡区域经济体系。作为高层大尺度城乡区域经济的基本区域单元的“省域”，在中外各国行政区划体系中也是普遍存在的，名称各有不同，中国为“省”、美国为“州”、日本为虚设的“地区”、英国（英格兰）也为不完全的（或英联邦政府排除的）“地区”，以及法国在相当于县域的“省”级基础上的“大区”等。高层大尺度城乡区域经济体系遵循的是有效提升综合竞争能力原则，主要承担的是参与国内外经济双循环和市场竞争，培育城乡区域经济增长点（极）、增长轴（网）和增长片区（城镇森林）的功能。

第一节　高层大尺度（跨省区）城乡区域经济体系的构建和形成

高层大尺度（跨省区）城乡区域经济体系，是在基层小尺度分工合作体系和中尺度空间一体化体系基础上，在更高的国家整体区域层次上，构建形成的参与国内外经济双循环和市场竞争的具有综合竞争能力的城乡区域经济体系。城乡区域经济基本功能综合竞争能力，主要由区位优势条件、资源禀赋特征、现有产业经济实力、发展历程阶段以及发展战略和决心等所决定的。其中，区位优势条件，要求沿海和沿大江大河的地带、温暖适宜的气候、广阔而平坦的地形等；资源禀赋特征，要求足够的土地资源和水资源、富饶的新旧能源资源和丰富的金属和非金属矿产资源等；现有产业经济实力，要求基本形成主导产业体系、有效的配套服务产业体系以及坚实的基础设施支撑体系等；发展历程阶段，要求有一定的国民经济发展历程和积累，有比较丰富的发展经验和具有克服发展失败教训的成熟经历；国民经济发展战略和决心，要求符合国情和阶段的循序渐进并不断提升和改进的中长期总体发展战略，以及符合人心迫切向往的强烈的国民经济快速发展的意愿和决心等。

城乡区域经济综合竞争能力在空间区域上主要表现为增长极（点）、增长轴（网）和增长片区（城镇森林），这些地区是一个国家经济增长的主要空间区域动力来源，构成了一国经济活动的基本城乡区域经济发展格局。就增长极（点）而言，主要是指一个国家，尤其是现代国家，其城镇体系已经成为经济活动的主要载体，城镇规模体系和布局体系基本完善，并起着带动周边城乡区域共同发展的增长极的作用，而且中心城市、城市都市圈和城市集群规模越大，其增长极的作用也就越大；一国城镇体系成熟的标志主要有两方面，一方面是符合“二八”县域经济分工原理和空间市场高度一体化原则的要求，另一方面是一国主要产业的经济运营中心城市基本形成，这些产业经济运营中心城市主要由较大规模的中心城、大城市都市圈和大型城市集群承担（参见美国的主要产业运营中心城市，如纽约为世界金融运营中心、底特律为轿车工业运营中心、匹兹堡为钢铁工业运营中心、硅谷为信息产业运营中心、波士顿为高等教育运营中心等等）。就增长轴（网）而言，主要是指各城市经济增长极（点），由各种“线”状基础设施互连互通在一起，形成轴（网）状，以便更好地发挥增长极（点）的作用，同时也是经济活动越来越复杂多样、技术和工艺水平越来越高，要求和推动城乡区域分工合作和市场一体化越来越深化的结果。就增长片区（城镇森林）而言，是指在现有的经济技术水平条件下，人类的经济活动最适宜的地区主要集中在沿海平原地区、大江大河沿岸地区、主要交通干线地区和地区间边界地区（即“四沿”地区），同时由于经济活动主要集中于“点”状的实体城市，因此从经济密度而言，实体城市经济就如同树木和森林一样集中分布在上述“四沿”地区，形成了城乡区域经济发展的增长片区（城镇森林）。这是一国经济活动在空间区域上的最高表现，也是高层大尺度（跨省区）城乡区域经济体系综合竞争力的核心所在。①

高层大尺度（跨省区）城乡区域经济体系的形成，主要是按照便于分工合作、便于空间市场一体化、便于统一治理和管理，并按照临近、相连和均值原则形成的。具体构建原则包括：一是以省区为基本区域单元，为统计分析方便要求尽量不要打破行政区划的界限；二是以沿海平原和大江大河平原为中心腹地，覆盖全部国土，保障整个国土资源得到有效合理开发；三是以大尺度自然地理分界线为依据（如地形台阶、大型山脉以及大型江河流域等），以国民经济“点线面”空间结构相对完整为依托，集中了自然、人文和经济等多种比较优势的、具有大体一致的自然地理生态环境背景，以及大体一致的未来发展方向和潜力的有一定综合性竞争能力的空间单元。最终，要形成对上可组成全国“一盘棋”，对下可进一步细化比较优势的高层大尺度（跨省区）城乡区域经济体系。

① 参见世界银行：《2009 年世界经济发展报告：重塑世界经济地理》。

第二节 中国高层大尺度（跨省区）城乡区域经济体系

事实上，在三大地带和四大板块基础上，进一步构建我国跨省区综合经济区的努力一直在进行，而且各方面已提出的方案不下数十个，但是由于这些方案区划的依据很不统一，也实在难以达成共识，因此基本都没有被采纳的可能。近年来，国家提出一系列以流域和大尺度自然生态环境区块为依据的重大区域战略，“十四五”规划纲要中再次强调“四大板块”和大江大河流域区划的重要意义，也再次强调了中心城市、都市圈和城市群的重要性，为重新构建比较容易达成共识的具有客观自然地理环境依据的跨省区综合经济区方案提供了新的机遇和线索。本节是对这一呼之欲出的基本思路和方案的有益探索。

一、中国高层大尺度城乡区域经济格局“348”新方案的划分

高层大尺度城乡区域经济体系，是指以省域为基础区域单元，以大尺度自然地形地貌山脉水系区块为依据区划形成的城乡区域经济体系，涉及整个国域、地带和重大流域等，面临的主要是因城乡区域经济发展条件的巨大自然生态环境条件与资源禀赋差异，而形成的城乡区域经济综合竞争力低和发展不平衡不充分的问题，需要制定和实施一系列促进综合竞争能力不断提升和均衡协调发展的战略、规划和对策，以确保城乡区域经济保持一定的总体增长速度和绝对差、相对差在合理的范围之内，以促进城乡区域经济现代化高质量均衡协调发展新格局的形成。目前，中国高层大尺度城乡区域经济格局为“四大板块＋若干重大区域战略”：由西部大开发、东北全面振兴、中部地区崛起、东部率先发展组成的“四大板块”，加上

由京津冀协同发展、粤港澳大湾区建设、长三角一体化发展、共抓大保护长江经济带、黄河流域生态保护和高质量发展、成渝地区双城经济圈建设、促进老少边贫（衰）地区加快发展和发展海洋经济组成的若干重大区域战略。

未来该格局尚需要进一步细化和系统化，其基本思路是：在现有“三大地带”和“四大板块”纵向大尺度区块划分的基础上，按照新发展理念的要求，特别是其中生态文明理念的要求，充分考虑中国由低到高“三大地形地貌台阶”的纵向大尺度自然地理地带，按照大型河流流域提出的长江经济带、黄河流域生态保护和高质量发展带，以及黑松辽流域经济区和珠江经济带等横向大尺度地带，通过上述大尺度纵向横向地带的交叉区划，形成“348”方案高层大尺度城乡区域经济新格局，即“三大地形台阶纵向地带”+“四大流域横向地带”+“八大跨省区综合经济区”（参见表 5-1）。在此需要指出的是，该高层大尺度城乡区域经济区划遵循了三个原则：一是城乡区域自然环境条件和经济发展方向基本一致原则，即八大跨省区综合经济区内部自然地理环境条件大体一致，区内城乡区域经济联系比较密切，未来面临的发展问题和发展方向也大体一致，所需采取的发展政策措施大体相同，以便促进综合竞争能力的提升和均衡协调、可持续发展目标的实现；二是国土全覆盖原则，即八大跨省区综合经济区要覆盖全国国土空间，以确保全部国土空间资源得到合理有效的开发，因此不属于四大流域的地区将按照地理环境条件相似和经济联系紧密相关等因素适当就近划归；三是以省域为基本区划单元，即不破坏省域行政区划界线，以便获得必要的经济社会发展有关统计数据。

表 5-1　按“三大地形台阶”和“四大流域”划分的“八大跨省区综合经济区”方案（简称“348”新方案）

三大地形台阶纵向地带	四大流域横向地带	三纵四横交叉形成八大跨省区综合经济区
东部第一级地形台阶地带，指大兴安岭、太行山、巫山、武陵山、雪峰山、越城岭、九万大山和六诏山以东省区，包括东北辽吉黑3区、京津冀鲁豫5区、沪苏浙皖赣鄂湘7区、粤闽琼桂4区（及港澳台），共计19个省区	东北黑松辽流域地区，包括第一台阶上的辽吉黑3省区，共计3省区	一是第一台阶上的东北平原黑松辽流域的综合经济区，包括辽吉黑3省区
		二是第一台阶上的华北平原沿海黄淮海下游地区的京津冀鲁豫的综合经济区，包括京津冀鲁豫5省区
		三是第一台阶上的华东沿海长江中下游平原地区的沪苏浙皖赣鄂湘的综合经济区，包括7省区
		四是第一台阶上的东南沿海珠江中下游区平原丘陵的粤闽琼桂综合经济区，包括4省区（及港澳台）
中部第二级地形台阶地带，位于东部第一地形台阶和西南第三级地形台阶之间，包括晋陕甘宁蒙新6省区、川渝2省区、云贵2省区，共计10省区	黄淮海流域地带（包括新疆），包括第一台阶上的华北沿海黄河下游和海河淮河地区的京津冀鲁豫5区、第二台阶上的黄淮海河中上游及相关的晋陕甘宁蒙新6省区，共计11省区	五是第二台阶上的西北黄河中游晋陕甘宁蒙新干旱半干旱高原山地综合经济区，包括6省区
		六是第二台阶上的长江中上游地区川渝盆地综合经济区，包括2省区
		七是第二台阶上的珠江中上游地区云贵高原综合经济区，包括2省区
西南部第三级地形台阶地区，青藏高原中部经济板块地带，包括青海和西藏2省区	长江流域地带（包括东南沿海独立流域地区），包括第一台阶的华东沿海长江下游地区沪苏浙皖赣鄂湘7省区、第二台阶川渝2省区、第三台阶西南地区的青藏2省区，共计11省区	八是第三台阶上的西南长江黄河发源地的青藏高原综合经济区，包括2省区

续表

三大地形台阶纵向地带	四大流域横向地带	三纵四横交叉形成八大跨省区综合经济区
—	珠江流域地带（包括福建沿海独立流域地区和云南西南出境河流地区），包括第一台阶的东南沿海珠江中下游粤闽琼桂4省区（及港澳台）、第二台阶的西南珠江上游地区的云贵2省区，共计6省区	—

资料来源：作者整理。

二、“348”新方案的基本内容

根据上述中国高层大尺度城乡区域经济“348”新方案，特别是针对“八大跨省区综合经济区”新体系，按照城乡区域经济“中心—外围”理论，提出构建以上海都市圈（及华东华中长江中下游沪苏浙皖赣鄂湘的综合经济区）为核心和中心的，向北部（包括京津冀鲁豫综合经济区和东北综合经济区）、南部（包括东南粤闽琼桂的综合经济区）和西部（包括正西方向的成渝综合经济区、西北方向的晋陕甘宁蒙新综合经济区以及西南方向的云贵综合经济区和青藏综合经济区）三大通道扇形辐射的中国城乡区域经济一体化新体系，以形成将八大跨省区综合经济区有机联系在一起的全国城乡区域经济新体系。下文按照高层大尺度城乡区域经济区划的主要任务、面临的问题与发展目标，并遵循中国扇形整体一体化城乡区域经济新体系的要求，特提出八大跨省区综合经济区的基本发展战略思路。

（一）第一级地形台阶上的四大跨省区综合经济区

中国第一级地形台阶上的华东华中沪苏浙皖赣鄂湘、华北京津冀鲁豫、东北辽吉黑和东南粤闽琼桂四大跨省区综合经济区，是比第二和第三台阶相对发达的地区。其中又以华东华中沪苏浙皖赣鄂湘最为发达，是中国整个城乡区域经济的核心和龙头，其以上海都市圈为中心，向北辐射华北京津冀鲁豫地区和东北辽吉黑地区，向南则辐射东南粤闽琼桂地区，是中国扇形一体化城乡区域经济新体系的重要组成部分。

一是中国扇形一体化城乡区域经济新体系的核心和龙头——华东华中长江中下游平原地区沪苏浙皖赣鄂湘综合经济区，包括7省区。沪苏浙皖赣鄂湘综合经济区，2020年GDP居八大跨省区综合经济区之首，高达35.56万亿元（占全国的35.5%），人均GDP也居八大跨省区综合经济区之首，达8.7991万元（高出全国平均22.2%），其常住人口在八大跨省区综合经济区中也最多，达4.05亿人（占全国的28.7%，七普数据，下同），国土面积92.51万平方千米（占全国的9.73%），是中国区位条件最佳（沿海和沿江交汇地区）、自然条件最好和腹地规模最大的综合经济区。该区在全国的经济地位和影响力均处于首位，是中国城乡区域经济的龙头。

空间“点线面”结构分析。在城乡居民“点”上，2020年沪苏浙皖赣鄂湘综合经济区，城乡居民点总数为89.83万个（占全国的29.81%），其中城市乡镇数达7262个（占全国的22.6%），城乡居民点密度为971个/千平方千米（高出全国平均654个），其中城市乡镇密度为7.86个/千平方千米（高出全国平均4.5个）；城乡居民点体系，包括8个省会及以上级别城市、72个地级市或地级行政区划单元、383个县级市或县城的城镇体系，6800个乡镇、11.7万个行政村、77.41万个自然村（其中行政村和自然村为2017年数据，下同）；城乡居民点国土建设开发强度（为建设用地与国土面积之比，包括城乡建设用地、交通建设用地和水利建设用地）为11.51%（高出全国平均7.351%）。在城乡区域交通网络“线”上，2019年沪苏浙皖赣鄂湘地区综合立体交通网络公路线路长度为125.18万千米

（占全国的 24.97%），千米密度全国最高，但与“线性直线三角形”顶层设计的交通网络相比还有一定的差距。在城乡区域经济的“面”上，一是农用地，2017 年沪苏浙皖赣鄂湘农用地面积为 74.8 万平方千米（占全国的 11.6%），其中耕地面积 25.08 万平方千米（占全国的 18.6%），耕地开发强度 27.1%（远高于全国 14.2% 的平均水平）；二是生态用地（指纯粹的区域性未利用土地，不包括建设用地中的生态用地），2017 年生态用地面积为 7.06 万平方千米（占全国的 2.6%），生态用地系数为 7.6%（远低于全国 28% 的平均水平）。

未来发展思路。基本特点和优势：上海市是中国最大中心都市圈和经济首位城市，腹地面积最为广阔；沪苏浙是中国东部沿海地区核心经济区之一，经济发展水平全国第一；陆地沿海海岸线长度为 3257.8 千米（占全国的 17.7%），人口城镇和经济最稠密地区，长江中下游平原号称“鱼米之乡”。面临问题：除有色矿产资源外其他自然矿产资源并不突出（尤其是能源）、长江流域生态保护任务繁重、工业化城镇化历史任务尚未完成、长江中下游平原地区整个开发尚需加强并起到应有的带动作用。未来发展方向：继续强化上海超大规模城市在全国城乡区域经济中的龙头地位，加快其国际经济、金融、贸易、航运和科技创新五大中心建设，充分发挥其强大的经济和科技辐射带动作用；大力增强该地区自主创新能力和高新技术转化能力，努力率先实现全面现代化宏伟目标；积极实现农业现代化，加速城镇化发展，为率先实现全面现代化打下良好基础；促进该综合经济区率先实现城乡区域经济一体化。

二是中国扇形一体化城乡区域经济新体系的北方辐射通道的中心——华北黄淮海下游京津冀鲁豫综合经济区，包括 5 省区。京津冀鲁豫跨省区综合经济区，2020 年 GDP 总量居全国第二，达 20.4519 万亿元（占全国的 20.4%），但人均 GDP 却低于全国平均水平，为 6.7732 万元（略低于全国平均水平 5.3%），其常住人口为 2.89 亿人（占全国的 20.5%），国土面积 53.94 万平方千米（占全国的 5.67%），在全国的地位和影响力与其区位条件和资源禀赋有一定差距，显示出京津周边地区发展明显不足。

空间“点线面”结构分析。在城乡居民“点”上，2020 年京津冀鲁豫综合经济区城乡居民点总数为 48.81 万个（占全国的 16.19%），其中城市乡镇数达 5538 个（占全国的 17.23%），城乡居民点密度为 904.9 个 / 千平方千米（高出全国平均 588 个），其中城市乡镇密度为 10.3 个 / 千平方千米（高出全国平均 6.9 个）；城乡居民点体系，包括 5 个省会及以上级别城市、41 个地级市或地级行政区划单元、317 个县级市或县城的城镇体系，5170 个乡镇、16 万个行政村、32.26 万个自然村；城乡居民点国土建设开发强度为 15.85%（高出全国平均 10.69 个百分点）。在城乡区域交通网络“线”上，2019 年京津冀鲁豫地区综合立体交通网络公路线路长度为 78.56 万千米（占全国的 15.67%），千米密度远高于全国平均水平，但与省地县乡村五级城乡居民点“线性直线三角形”顶层设计的交通网络所要求的目标还有一定的差距。在城乡区域经济的“面”上，一是农用地，2017 年京津冀鲁豫农用地面积为 39.04 万平方千米（占全国的 6.05%），其中耕地面积 22.87 万平方千米（占全国的 16.96%），耕地开发强度 42.4%（远高于全国 14.2% 的平均水平）；二是生态用地，2017 年生态用地面积为 6.35 万平方千米（占全国的 2.4%），生态用地系数为 11.7%（远低于全国 28% 的平均水平）。

未来发展思路。基本特点与优势：首都北京是中国政治中心，其都市圈人口规模仅次于上海；北京天津双直辖市是中国华北沿海地区核心经济区、中国第二大平原——30 万平方千米的华北黄淮海下游平原、陆地沿海海岸线长度为 3257.8 千米（占全国的 17.7%）；土地和铁矿等黑色冶金矿产资源丰富、人口城镇密度大。面临问题：水资源相对短缺、黄淮海水利建设任务依然繁重、土地盐碱化面积大、环境污染较重；京津核心区与周边地区差距大，区域一体化程度有待提高。未来发展方向：强化超大规模城市功能疏散和生态环境联合综合治理，努力带动周边地区经济发展和生态质量提高；进一步强化黄淮海流域水利治理，继续抓好华北平原盐碱地改造和农业机械化发展，促进农业现代化；突出京津核心区高科技产业创新发展，大力调整周边地区过度偏向钢铁工业的产业结构；突出首都高端服务业功能，提升天津和青岛等中心大城市的装备制造业的能力；完善华北沿海港口群建设，提高对外开放水平。

三是中国扇形一体化城乡区域经济新体系的北方辐射通道的次中心——东北黑松辽流域综合经济区，即东北地区，包括辽吉黑 3 省区。东北跨省区综合经济区，2020 年 GDP 为 5.11 万亿元（占全国的 5.1%），人均 GDP 达 5.167 万元（仅为全国平均的 71.76%），其常住人口 9851 万人（占全国的 7%），国土面积 79.18 万平方千米（占全国的 8.3%），在全国的地位和影响力严重下降，按照欧盟地区人均 GDP 低于整体平均 70% 的区域为相对落后地区的标准，东北地区已经接近成为相对落后地区。

空间“点线面”结构分析。在城乡居民“点”上，2020 年东北地区城乡居民点总数为 15.42 万个（占全国的 5.12%），其中城市乡镇数达 2433 个（占全国的 7.57%），城乡居民点密度为 195 个 / 千平方千米（低于全国平均 122 个），其中城市乡镇密度为 3.07 个 / 千平方千米（低于全国平均 0.31 个）；城乡居民点体系，包括 4 个省会城市或副省级城市、32 个地级市或地级行政区划单元、147 个县级市或县城，以及 2350 个乡镇、2.97 万个行政村、12.21 万个自然村的乡村体系；城乡居民点国土建设开发强度为 5.54%（高出全国平均 1.38 个百分点）。在城乡区域交通网络“线”上，2019 年东北地区综合立体交通网络公路线路长度为 40.0137 万千米（占全国的 7.98%），千米密度低于全国平均水平，更低于省地县乡村五级城乡居民点“线性直线三角形”顶层设计的交通网络所要求的69.03万千米。在城乡区域经济的“面”上，一是农用地，2017年东北综合经济区农用地面积为68.04万平方千米（占全国的10.55%），其中耕地面积为27.08万平方千米（占全国的20.61%），耕地开发强度为35.1%（远高于全国14.2%的平均水平）；二是生态用地，2017年东北生态用地面积为6.76万平方千米（占全国的2.5%），生态用地系数为8.5%（远低于全国28%的平均水平）。

未来发展思路。基本特点与优势：中国最大的平原——35万平方千米肥沃黑土的东北平原、土地森林矿产资源丰富、渤海湾南部陆地海岸线长达2178千米（占全国陆地海岸线的11.8%）、以森工煤炭钢铁和重型装备制造业为重点的老工业基地。面临问题：纬度高、气候寒冷；原始森林破坏严重、煤炭铁矿资源枯竭、老工业基地衰退；国企比重高、市场机制有待完善、开放水平有待提升、营商环境有待提高。未来发展方向：转变观念，强化市场化转型，大力发展民营企业，培育新型市场主体；突出比较优势，大力抓好装备制造业的升级换代，并以市场为导向，大力发展轻纺制造业急需的轻装备制造业、农业机械装备制造业和居民生活型装备制造业；紧紧抓住突出的优质耕地资源优势，率先实现农业集约化和现代化，大幅度提高优质农产品精深加工提高效益和附加价值，把东北建设成为全国乃至世界级的现代化农业生产和农产品加工基地；利用冰雪资源，继续大力发展冰雪经济，同时积极开拓避暑经济，培育新的产业发展增长点。

四是中国扇形一体化城乡区域经济新体系的南方辐射通道的中心——东南沿海珠江中下游区平原丘陵的粤闽琼桂综合经济区，包括4省区（及港澳台）。粤闽琼桂综合经济区，2020年GDP为18.23万亿元（占全国的18.19%），人均GDP在八大跨省区综合经济区中居第二位，达8.0295万元（高出全国平均11.5%），其常住人口为2.27亿人（占全国的16.13%），国土面积57.67万平方千米（占全国的6.06%），是中国经济发展水平仅次于华东华中长江中下游的经济区，是两个发展水平超过全国平均的经济区之一。该区更是改革开放以来中国经济社会发展最快的地区，市场化改革开放成效也最显著，创造了东南沿海经济发展的奇迹；近年来，其发展速度和改革开放步伐明显快于京津冀鲁豫综合经济区和东北地区的辽吉黑综合经济区，未来发展潜力和空间依然巨大。

空间“点线面”结构分析。在城乡居民“点”上，2020 年粤闽琼桂综合经济区城乡居民点总数为 45.76 万个（占全国的 15.17%），其中城市乡镇数达 3603 个（占全国的 11.18%），城乡居民点密度为 793.4 个 / 千平方千米（高出全国平均 456.1 个），其中城市乡镇密度为 6.25 个 / 千平方千米（高出全国平均 2.9 个）；城乡居民点体系，包括 6 个省会及以上级别城市、48 个地级市或地级行政区划单元、198 个县级市或县城的城镇体系，以及 3351 个乡镇、4.9 万个行政村、40.46 万个自然村；城乡居民点国土建设开发强度为 7.83%（高于全国平均水平 3.67 个百分点）。在城乡区域交通网络“线”上，2019 年粤闽琼桂地区综合立体交通网络公路线路长度为 49.6 万千米（占全国的 9.9%），千米密度高于全国平均，但与交通网络顶层设计相比还有距离。在城乡区域经济的“面”上，一是农用地，2017 年粤闽琼桂农用地面积为 48.27 万平方千米（占全国的 7.63%），其中耕地面积 9.05 万平方千米（占全国的 6.71%），耕地开发强度为 15.7%（高于全国平均水平 1.5 个百分点）；二是生态用地，2017 年生态用地面积为 0.48 万平方千米（占全国的 1.8%），生态用地系数为 8.5%（低于全国平均 20 多个百分点）。

未来发展思路。基本特点和优势：东南丘陵地区，东南陆地沿海海岸线长度 8815.9 千米（占全国的 47.9%），邻近粤港澳大湾区、外向型经济发达，1.1 万平方千米的珠江三角洲平原是中国东部沿海地区核心经济区之一，海南是中国第二大岛屿和最大开放特区（拥有 235 个岛屿，岛屿海岸线长度为 1681.1 千米）。面临问题：南方石漠化治理难度大、山区丘陵交通不便、能源资源相对匮乏。未来发展方向：进一步加大改革开放力度，率先建设成熟的现代化社会主义市场经济体制；继续强化外向型经济发展，不断提升国际竞争能力，搞好海南自贸区（港）建设；强化自主创新能力，不断提升产业结构高度；大力发展科技事业，不断提升人力资本水平；抓好热带农业现代化发展。

（二）第二级地形台阶上的三大跨省区综合经济区

中国第二级地形台阶上有川渝盆地、西北晋陕甘宁蒙新和云贵高原等三大跨省区综合经济区，分别位于上海都市圈向正西方、西北方和西南方辐射的中心上。

一是中国扇形一体化城乡区域经济新体系的正西方辐射通道的中心——长江中上游地区川渝盆地综合经济区，包括两省区。川渝综合经济区，2020 年 GDP 为 7.36 万亿元（占全国的 7.3%），人均 GDP 达 6.3677 万元（为全国平均的 88.4%），其常住人口为 1.16 亿人（占全国的 8.2%），国土面积为 56.6 万平方千米（占全国的 6%），在“八大跨省区综合经济区”中排第四位，在华北地区之后。

空间“点线面”结构分析。在城乡居民“点”上，2020 年川渝综合经济区城乡居民点总数为 36.7 万个（占全国的 12.1%），其中城市乡镇数达 5105 个（占全国的 15.8%），城乡居民点密度为 648.9 个 / 千平方千米（高出全国平均 331.6 个），其中城市乡镇密度为 9 个 / 千平方千米（高出全国平均 5.6 个）；城乡居民点体系，包括 2 个省会及以上级别城市、24 个地级市或地级行政区划单元、137 个县级市或县城的城镇体系，以及 4942 个乡镇、5.46 万个行政村、30.76 万个自然村；城乡居民点国土建设开发强度为 4.51%（略高于全国平均水平 0.4 个百分点）。在城乡区域交通网络“线”上，2019 年川渝地区综合立体交通网络公路线路长度为 51.1 万千米

（占全国的 10.2%），千米密度高于全国平均，但与交通网络顶层设计相比还有不小的距离。在城乡区域经济的“面”上，一是农用地，2017 年川渝农用地面积为 49.2 万平方千米（占全国的 7.6%），其中耕地面积为 9.1 万平方千米（占全国的 6.7%），耕地开发强度为 16.06%（高于全国平均水平 1.9 个百分点）；二是生态用地，2017 年生态用地面积为 0.49 万平方千米（占全国的 1.9%），生态用地系数为 8.6%（低于全国平均 20 多个百分点）。

未来发展思路。基本特点和优势：四川盆地号称“天府之国”（由川西成都平原、川中丘陵和川东平行岭谷组成），气候宜人、土地矿产资源丰富；产业齐全，轻重工业兼备，经济发展水平已超过东北，发展势头良好。面临问题：对外交通距离相对长远、市场体系有待完善、地质灾害多发。未来发展方向：依托长江干线水运条件，继续抓好对外交通体系建设；发挥盆地平原地形优势，强化工业化城镇化进程；抓好优质农业现代化发展；抓住成渝双城一体化国家战略，积极融入国家双循环新发展格局。

二是中国扇形一体化城乡区域经济新体系的西北方辐射通道的中心——西北黄河中游晋陕甘宁蒙新干旱半干旱高原山地综合经济区，包括 6 省区。晋陕甘宁蒙新综合经济区，2020 年 GDP 为 8.79 万亿元（占全国的 8.8%），人均 GDP 略高于东北地区，达 5.6183 万元（为全国平均的 78%），其常住人口为 1.57 亿人（占全国的 11.1%），国土面积在“八大跨省区综合经济区”中最大，达 362.9 万平方千米（占全国的 38.2%）。

空间“点线面”结构分析。在城乡居民“点”上，2020 年晋陕甘宁蒙新综合经济区城乡居民点总数为 36.12 万个（占全国的 19.97%），其中城市乡镇数达 5712 个（占全国的 17.72%），城乡居民点密度为 99.5 个 / 千平方千米（低出全国平均 217.8 个），其中城市乡镇密度为 1.57 个 / 千平方千米（低出全国平均 1.8 个）；城乡居民点体系，包括 6 个省会及以上级别城市、66 个地级市或地级行政区划单元、423 个县级市或县城的城镇体系，以及5218个乡镇、8.44万个行政村、21.06万个自然村；城乡居民点国土建设开发强度仅1.81%（低于全国平均水平2.98个百分点）。在城乡区域交通网络“线”上，2019年晋陕甘宁蒙新地区综合立体交通网络公路线路长度为91.3万千米（占全国的18.2%），千米密度远低于全国平均。在城乡区域经济的“面”上，一是农用地，2017年晋陕甘宁蒙新农用地面积在八大跨省区综合经济区中最多，达185.54万平方千米（占全国的28.8%），其中耕地面积在八大跨省区综合经济区中也为最多，达29.22万平方千米（占全国的21.7%），而耕地开发强度仅为8.5%（低于全国平均水平近5.7个百分点）；二是生态用地，2017年生态用地面积全国最多，高达170.8万平方千米（占全国的64.1%），生态用地系数为47.1%（高出全国平均19个百分点），结合该地区土地资源条件看，未来中国后备耕地资源已主要集中在该区（东北后备耕地已基本开发完毕）。

未来发展思路。基本特点和优势：中国西北干旱半干旱地区、高原和高山为主的地形地貌、生态环境脆弱；耕地和后备耕地资源丰富，能矿资源也十分丰富。面临问题：严重缺乏生态环境用水、沙漠化和生态退化时有发生、生态环境脆弱、交通线路长而运输成本高。未来发展方向：加大跨流域调水力度；进一步搞好多种能矿资源的有效开发，加大优势风电、光电等新能源开发力度；依托关中—汾河、河套—银川和河西走廊等三大平原地区，鼓励东部大型制造业企业设立分厂，促进这些平原地区工业化和城镇化；抓好后备耕地资源的开发，促进西北特色农业现代化。

三是中国扇形一体化城乡区域经济新体系的西南方辐射通道的中心——珠江中上游地区云贵高原综合经济区，2020年GDP为4.23万亿元（占全国的4.2%），人均GDP在八大跨省区综合经济区中最低为4.2349万元（仅为全国平均的68.8%），其常住人口为8577万人（占全国的6.1%），包括两省区。云贵综合经济区国土面积为55.9万平方千米（占全国的5.9%）。

空间“点线面”结构分析。在城乡居民“点”上，2020年云贵综合经济区城乡居民点总数为24.18万个（占全国的8%），其中城市乡镇数达2435个（占全国的7.6%），城乡居民点密度为432.3个/千平方千米（高出全国平均115个），其中城市乡镇密度为4.35个/千平方千米（高出全国平均1个）；城乡居民点体系，包括2个省会及以上级别城市、25个地级市或地级行政区划单元、184个县级市或县城的城镇体系，以及2224个乡镇、2.89万个行政村、21.03万个自然村；城乡居民点国土建设开发强度为3.28%（低于全国平均水平1.91个百分点）。在城乡区域交通网络“线”上，2019年云贵地区综合立体交通网络公路线路长度为46.71万千米（占全国的9.32%），千米密度高于全国平均，但与交通网络顶层设计相比还有距离。在城乡区域经济的“面”上，一是农用地，2017年云贵农用地面积为47.7万平方千米（占全国的7.4%），其中耕地面积为10.7万平方千米（占全国的8%），耕地开发强度为19.2%（高于全国平均水平5个百分点）；二是生态用地，2017年生态用地面积为0.65万平方千米（占全国的2.4%），生态用地系数为11.5%（低于全国平均17个百分点）。

未来发展思路。基本特点和优势：地形起伏较大的以石灰岩为主的云贵高原，自然生态环境良好、生物矿产资源丰富、多民族文化特色。面临问题：石漠化严重、高原丘陵地区交通不畅、人力资源有待提升。未来发展方向：继续抓好局部水资源开发，解决工程性缺水问题；继续做好优势水电资源开发，巩固“西电东送”基地地位；大力发展地区交通事业；充分利用生物资源丰富的优势，大力开展生物技术的研发；抓好特色农业现代化发展；积极发展民族文化旅游事业。

（三）第三级地形台阶上的一大跨省区综合经济区

中国第三级地形台阶只有青藏高原综合经济区，为中国扇形一体化城乡区域经济新体系的正西方辐射通道的次中心。

青藏高原综合经济区包括两省区。青藏综合经济区，2020 年 GDP 仅为 4909 亿元（占全国的 0.5%），人均 GDP 略高于云贵地区为 5.1404 万元（仅为全国平均的 71.4%），其常住人口最少，仅有 957 万人（仅占全国的 0.7%），国土面积在八大跨省区综合经济区中居第二，为 192 万平方千米（占全国的 20.1%）。

空间“点线面”结构分析。在城乡居民“点”上，2020 年青藏综合经济区城乡居民点总数在八大跨省区综合经济区中最少，仅为 3.78 万个（占全国的 1.3%），其中城市乡镇数仅为 1158 个（占全国的 3.6%），城乡居民点密度为 19.7 个 / 千平方千米（低于全国平均 297.6 个），其中城市乡镇密度为 0.6 个 / 千平方千米（低于全国平均 2.8 个）；城乡居民点体系，包括 2 个省会及以上级别城市、15 个地级市或地级行政区划单元、103 个县级市或县城的城镇体系，以及 1038 个乡镇、0.9567 万个行政村、2.69 万个自然村；城乡居民点国土建设开发强度全国最低，仅 0.27%（低于全国平均水平 3.92 个百分点）。在城乡区域交通网络“线”上，2019 年青藏地区综合立体交通网络公路线路长度为 18.8 万千米（占全国的 3.8%），千米密度远低于全国平均。在城乡区域经济的“面”上，一是农用地，2017 年青藏农用地面积在八大跨省区综合经济区中居第二，达 132.3 万平方千米（占全国的 20.5%），其中耕地面积却全国最少，仅 1.03 万平方千米（仅占全国的 0.8%），耕地开发强度仅 0.5%；二是生态用地，2017 年生态用地面积居全国第二，达 5.91 万平方千米（占全国的 22.2%），生态用地系数为 30.8%（高出全国平均 10 个百分点）。

未来发展思路。基本特点和优势：青藏高原高山深谷地形、土地矿产资源丰富、自然生态环境十分脆弱。面临问题：高寒缺氧、生存条件恶劣，基础设施建设投资大、成本高，人口稀少、规模经济难以发挥作用。

未来发展方向：大力开发和应用推广室内增氧设备，改善基本生存条件；进一步强化生态保护意识，做好“三江源”保护工作；继续搞好对外交通体系建设，积极推进川藏交通通道建设，做好滇藏和新藏通道建设的前期准备工作；加大对丰富的优势矿产资源的开发力度，如青海盐湖和西藏铜矿等；大力发展藏族特色民族产品，努力提高经济自我造血功能；抓好高寒农业现代化建设。

三、落实“348”新方案体系的保障措施

本节提出的进一步细化和系统化的高层大尺度城乡区域经济新体系，将更好地体现东西向大流域经济对中国城乡区域经济的塑造和巨大影响。由于该高层大尺度城乡区域经济新格局区划方案，基本上是利用客观的自然地理分界来划分的，因此可信度、可接受程度更高，使其成为国家制定新的城乡区域经济发展战略和政策的依据。为进一步增强“348”新方案的有效性，并促进该方案的有效落实，特提出如下几方面的保障措施。

一是充分认识高层大尺度城乡区域经济新格局在中国多层次城乡区域经济体系中的重要地位和作用。一般而言，一个大国的城乡区域经济体系是由多层次体系组成的，各层次的功能和作用既有分工又有合作，共同保障整个城乡区域经济均衡协调发展。一个大国的城乡区域经济层次可大体上分为：以县域为基本单元的基层小尺度城乡区域经济体系，其主要功能是充分利用县域的比较优势，实现和构建城乡区域之间的合理分工和协作关系体系；以地市域为基本单元的中层中尺度城乡区域经济体系，其主要功能是遵循市场统一原则，实现和构建城乡区域经济的一体化体系；以省域为基本单元的高层大尺度城乡区域经济体系，其主要功能是遵循综合竞争能力和均衡协调可持续发展原则，实现和构建城乡区域经济综合竞争

实力和均衡协调发展体系的形成。多层次城乡区域经济新体系共同构成了未来中国城乡区域经济的新体系和新格局。由此可见，一个大国的高层大尺度城乡区域经济体系肩负着提升国家整体竞争实力和确保国家城乡区域经济均衡协调发展的重任，不可不重视，也不可长期没有一个大家公认的说法。

二是要按照以上海都市圈为核心的扇形一体化城乡区域经济新体系的总体要求，进一步制定各大综合经济区的详细战略、规划和措施，积极创造条件，努力将“348”新方案纳入国家城乡区域经济新体系中去，为中国城乡区域经济形成全国“一盘棋”和均衡协调可持续发展打下良好的基础。鼓励八大跨省区综合经济区组建跨区域性联合规划合作组织，以进一步强化大尺度城乡区域经济格局在确保高质量发展和实现现代化宏伟目标中的重要作用。具体内容包括：各综合经济区在国家竞争实力中的功能定位，未来竞争性主导产业的选择和确定，区内城乡区域经济空间结构的优化，以及围绕各综合经济区定位制定相关创新驱动、政策支持和融入国家整体发展战略的对策和措施，等等。

三是鼓励八大跨省区综合经济区就共同面临的区域性重大问题提出共同的解决方案，将城乡区域合作有效落实。如西北地区缺水问题和丰富的后备耕地开发潜力、青藏高原缺氧问题和以丰富的铜矿为代表的优势矿产资源开发潜力、东北老工业基地振兴问题和先进装备制造业发展潜力以及优质农产品开发潜力、黄河流域可持续发展问题和新旧多种类型能源开发潜力、云贵高原起伏丘陵地形带来的艰难的内外交通问题和独特丰富生物资源发展绿色生物技术产业的潜力、川渝盆地地质灾害威胁问题和“天府之国”具有带动中国第二和第三地形台阶经济发展的潜力、长江三角洲（和整个长江流域）一体化保持率先发展问题和进一步发挥其龙头带动辐射全国的潜力、珠三角产业结构升级人力资本质量提高问题和产业结构升级换代进一步提升国际竞争力的潜力、华北大都市圈功能有效带动周边地区发展和科技资源引领自主创新发展的巨大潜力，以及东西差距问题和“南升北降”问题等。

第三节 国外主要国家高层大尺度城乡区域经济体系

同基层和中层城乡区域经济体系一样，世界各国高层城乡区域经济发展水平也存在着十分明显的差异。一般说来，西方发达国家已基本形成综合竞争能力强和均衡协调可持续发展有保证的高层大尺度城乡区域经济体系，而发展中国家在构建高层大尺度城乡区域经济体系中还存在许多问题和困难，需要努力借鉴发达国家的先进经验，以便尽快地建立和完善具有一定综合竞争能力并能满足均衡协调可持续发展的高层大尺度城乡区域经济体系。

一、美国

美国有 50 个州和一个华盛顿特区，美国联邦行政管理和预算局根据其自然地理条件和经济发展空间格局状况，将全美国土划分为八大跨州综合经济区，按经济总量顺序排列为（本部分按照美国自然地理特点作了一些调整，数据为 2006 年）：一是以纽约都市圈和城市群、费城都市圈和城市群、华盛顿都市圈和城市群为核心的中东部地区，GDP 总量占美国的 21.5%；二是以洛杉矶都市圈和城市群、旧金山都市圈和城市群为核心的远西地区，GDP 总量占 18.2%；三是以休斯敦都市圈和城市群、新奥尔良都市圈和城市群为核心的南部平原地区，GDP 总量占 16.0%；

四是以芝加哥都市圈和城市群为核心的五大湖地区，GDP 总量占 14.5%；五是以迈阿密都市圈和城市群为核心的南东地区，GDP 总量占 12.2%；六是以堪萨斯都市圈和城市群为核心的北部平原地区，GDP 总量占 6.4%；七是以丹佛都市圈和城市群为核心的落基山地区，GDP 总量占 5.7%；八是以波士顿都市圈和城市群为核心的新英格兰地区，GDP 总量占 5.5%。

美国八大跨州综合经济区划分的依据，主要考虑了如下因素：一是大尺度自然地理地形条件，即以西部的落基山脉和东部的阿巴拉契亚山脉将美国国土分为东部沿太平洋带、中部密西西比河流域平原地带以及西部落基山地带三大地带；二是在三大地带内部进一步按照与沿海的远近、大平原和平地、地表下垫面条件基本一致的区位条件，以及城乡区域经济发展水平和方向基本一致等原则，划分出八大跨州综合经济区，以反映各大经济区竞争能力和在全美经济中的地位和作用；三是遵循“点线面”空间区域分析的基本原则，构建了各跨州综合经济区以主要的都市圈和城市群为核心的空间结构体系，较好地反映了各大综合经济客观的经济实力和竞争能力水平。

美国八大跨州综合经济区划分的主要成功经验可以概括为以下三点：一是充分利用和发挥了优越的自然地理环境条件对美国城乡区域经济总体格局的强烈影响和有效塑造，如大西洋、太平洋、五大湖区和墨西哥湾对美国城乡区域经济的巨大影响，大型山脉走向的巨大影响，以及大型河流和平原的影响等，较好地获得了自然地理环境带来的巨大红利。二是客观反映了美国城乡区域经济发展的“四周高、中间低”和“四周工业化发达、中部现代化农业”的总体空间区域格局，使美国国土得到了有效的全面开发和保护。三是美国八大跨州综合经济区是有机联系在一起的。其主要为两级联系脉络：一级是以纽约都市圈和城市群、费城都市圈和城市群、华盛顿都市圈和城市群为核心的中东部地区综合经济区为美国城乡区域经济的龙头，其向北与以波士顿都市圈和城市群为核心的新英格兰地区综合经济区密切相连，向南与以迈阿密都市圈和城市群为核心的南东地区综合经济区相通，向西与以芝加哥都市圈和城市群为核心的五大湖地区综合经济区相接；二级是以美国中部和西部交通，乃至全美国交通枢纽的芝加哥为美国城乡区域经济的次龙头，向西与以丹佛都市圈和城市群为核心的落基山地区综合经济区以及以洛杉矶都市圈和城市群、旧金山都市圈和城市群为核心的远西地区综合经济区相来往，向南与以休斯敦都市圈和城市群、新奥尔良都市圈和城市群为核心的南部平原地区综合经济区相交流。

二、英国

由英格兰、苏格兰、威尔士和北爱尔兰组成的英国，由于苏格兰、威尔士和北爱尔兰领土较小，不需要进一步划分大尺度城乡区域经济区，本身就可以作为英国的大尺度城乡区域经济体系的组成部分，需要划分的只有英格兰。英格兰高层大尺度城乡区域经济体系建立在九大地区行政区划基础上，大体上是围绕着英格兰中部的奔宁山脉划分为以下三大综合城乡经济区。

一是奔宁山脉以南泰晤士河流域、巴斯河流域和大乌斯河流域综合城乡区域经济区，以伦敦为中心，包括大伦敦郡、东区、东南区和西南区 4 区。二是奔宁山脉以西塞文河流域、默西河流域和伊登河流域综合城乡区域经济区，以大曼彻斯特、伯明翰为和利物浦 3 个都市郡为中心，包括中西区和西北区 2 区。三是奔宁山脉以西特伦特河流域和泰恩河流域综合城乡区域经济区，以韦克菲尔德、设菲尔德和纽卡斯尔 3 个都市郡为中心，包括中东区、约克郡和亨伯区以及东北区 3 区。

英国英格兰高层大尺度城乡区域经济体系的基本特点：一是以英格兰

中部大体南北走向的奔宁山脉为轴线，以分布其南部、西部和东部的主要河流流域为载体，构建了主要由自然地理环境条件所决定的三大综合城乡区域经济区体系；二是突出了大伦敦和六大都市郡在城乡区域经济中的主导地位和作用；三是充分利用了英国英格兰海岸线相对较长的区位优势，较好地体现了人类仍然处于海洋经济时代，沿海地区区位作为空间区域资源富矿的优越性和重要性。

三、法国

2016 年法国行政区划为法国高层大尺度城乡区域经济体系建立在法国大区的行政区划基础之上，基本是按照法国四大流域划分为如下四个大尺度综合城乡区域经济体系。

一是法国北部的塞纳河流域（包括莱茵河法国部分流域）综合经济区，包括法兰西岛大区、上法兰西大区、诺曼底大区和大东区 4 个大区。二是法国西部的卢瓦尔流域综合经济区，包括中央—卢瓦尔河大区、卢瓦尔河地区和布列塔尼大区 3 个大区。三是法国西南部的加龙河流域（包括夏朗德河流域）综合经济区，包括新阿基坦大区和奥克西塔尼大区 2 个大区。四是法国东南部的罗讷河流域综合经济区，包括普罗旺斯—阿尔卑斯—蓝色海岸大区、奥弗涅—罗讷—阿尔卑斯大区、勃艮第—弗朗什—孔泰大区以及科西嘉岛大区 4 个大区。

法国高层大尺度城乡区域经济体系特点：一是围绕法国中央高原四周，与法国周边陆地边界的阿登高原、格林高原—孚日山脉、汝拉山脉、阿尔卑斯山脉、比利牛斯山脉，以及大西洋和地中海沿海之间形成的上述四大流域为综合经济区的划分主要依据；二是 13 个综合经济区孕育了以法国首都巴黎为代表的 13 座世界或洲际大城市；三是法国四大流域奠定了其发达的农业基础和闻名世界的以法棍、葡萄酒、香槟和法国大餐为代表的农副产品。

四、德国

德国高层大尺度城乡区域经济体系建立在德国16个州的行政区划基础之上，大体上是按照德国地形和流域，由北到南形成北德易北河流域波德平原（包括威悉河、埃姆斯河和佩讷河等若干小流域）地区、中德莱茵河流域中游丘陵地区、南德多瑙河流域和莱茵河上游阿尔卑斯山脉地区三大高层大尺度的综合城乡区域经济体系。

一是北德易北河流域波德平原（包括威希河、埃姆斯河和佩讷河等若干小流域）综合城乡经济区，以柏林为中心，包括柏林市州、汉堡市州等8个州。二是中德莱茵河流域中游丘陵综合城乡经济区，以原西德首都波恩为中心，包括北莱茵—威斯特法伦州、莱茵兰—普法尔茨州等6个州。三是南德多瑙河流域和莱茵河上游阿尔卑斯山脉地区综合城乡经济区，以慕尼黑和斯图加特为中心，包括巴登—符腾堡州、拜恩州2个州。

德国高层大尺度城乡区域经济体系特点：一是由北到南的三大地形台阶和河流流域有机结合形成三大综合城乡经济区；二是德国是欧洲经济最发达的国家之一，制造业水平仅次于美国与日本，拥有鲁尔工业区、汉诺威—沃尔夫斯堡—萨尔茨吉特三角工业区，以及斯图加特戴姆勒——奔驰公司总部等众多的世界级工业基地；三是德国交通十分发达，因此德国城镇和经济分布比较均衡，城市以中小规模为主，企业也是以中小企业为主，除柏林外没有太大的城市，产业布局十分均衡。

五、日本

日本划分了不具有完全行政意义上的八大区（在都道府县和市镇町村的基础上），其高层大尺度城乡区域经济体系就是建立在这八大区基础之上。大体上是按照日本的岛屿与地形，以富士山—赤石山脉—木曾山脉—飞（马单）山脉—飞（马单）高原一线为界，日本东部和日本西部划分为如下四个综合经济区（与其城市群基本一致，只是具体划分上稍有不同）：一是以关东平原和仙台平原等沿海河川小平原湾区为主体的本州岛东部综合经济区，由以东京都为核心的东京都市圈、横滨都市圈、千叶都市圈和仙台都市圈组成；二是以石守川、十胜川和天盐川等沿海河川小平原湾区为主体的北海道岛综合经济区，由札幌都市圈组成；三是以伊势湾、大阪湾和奈户内海北部沿海河川小平原为主体的本州岛西部综合经济区，由名古屋都市圈、大阪京都都市圈组成；四是以奈户内海南部沿海河川小平原湾区为主体的四国岛和九州岛综合经济区，由广岛都市圈、高松都市圈、北九州长崎都市圈组成。

日本高层大尺度城乡区域经济体系特点：一是以富士山—赤石山脉—木曾山脉—飞（马单）山脉—飞（马单）高原一线为界，分本州岛为东部地区与西部地区，东西部地区呈现出对称性分布，并都带有岛屿；二是日本沿太平洋地区经济发达，而沿日本海地区经济相对落后；三是日本经济多分布在沿太平洋湾区的小河川平原上，既有利于海上交通，又有利于避免海上风浪。

参考文献

[1] 何明福 . 我国三大地带生产力布局探讨 [J]. 贵州财经学院学报，1994（02）：25–29.

[2] 孙曰瑶 . 我国三大地带经济差距与原因分析 [J]. 山东大学学报（社会科学版），1999（02）：72–79.

[3] 彭鹏，周国华，罗亦华 . 我国三大地带经济发展不平衡性动态过程研究 [J]. 常德师范学院学报（社会科学版），2002（05）：96–100.

[4] 王新利，李世武 . 农民专业合作经济组织的发展分析 [J]. 农业经济问题，2007（03）：15–19.

[5] 佚名 . 东、中、西部三大地带的矿产资源禀赋与中西部矿产资源开发的战略意义 [J]. 经济研究参考，1996（F8）：27–30.

[6] 魏后凯，刘楷 . 中国区域经济协调发展的目标和政策（上）[J]. 经济纵横，1994（03）：5–9.

[7] 许月卿，李双成 . 我国三大地带经济发展不平衡性动态分析 [J]. 中国人口·资源与环境，2004（06）：96–100.

[8] 佚名 . 长江中游综合经济区：湖北、湖南、江西、安徽 [J]. 中国印刷物资商情，2007（09）：30.

[9] 洪涛 . 汇川区：争做黔北综合经济区的发动机 [J]. 当代贵州，2009（17）：54–55.

[10] 吴殿廷 . 中国三大地带经济增长差异的系统分析 [J]. 地域研究与开发，2001（02）：10–15.

[11] 阎大颖 . 市场化的创新测度方法——兼对 2000 ~ 2005 年中国市场化区域发展特征探析 [J]. 财经研究，2007（08）：41–50.

[12] 徐国弟，刘源 . 我国区域经济协调发展的构想 [J]. 经济经纬，1994（04）：15–18.

[13] 胡兆量 . 中国七个经济区域评价 [J]. 经济地理，1997（01）：1–5.

第六章

经济活动在空间区域上运行的体制机制分析

人类漫长的经济发展史和正反两方面的经验教训都表明，经济运行的最佳模式应该是混合型的现代市场经济的体制机制。经济活动的市场机制是自发产生的，但其健康运行，一方面是需要许多人为制度性安排才能健康顺利实现，另一方面当其产生市场失灵（或制度失灵）时，就需要政府采取有为的干预政策。也就是说，以有效的市场运行机制为主导、以有为的政府干预的“两有”混合的现代市场经济运行体制机制，是当前发达西方经济体和发展中经济体的共同选择。[①]

经济活动在空间区域上以“点线面”形态出现，并有机组合形成不同尺度和功能的多层次城乡区域经济体系。从国民经济体系看，城乡区域经济与部门产业经济是中观国民经济体系的两大重要组成部分，其运行同样要遵循市场有效机制和政府有为调控的现代“两有”双重体制机制的作用，唯有如此其才能实现均衡、协调和可持续的周而复始的健康有序的循环运行和发展。城乡区域经济运行的市场机制与政府调控，是指在市场经济条件下，经济活动的“点线面”空间区域形态和由其组合而成的各层次城乡区域经济体系的发展、演化，以及遇到的市场失灵问题与相应的政府有效调控，最终实现经济活动在地表空间区域上均衡协调和可持续发展的行为和过程。其具体内容主要包括经济活动总需求和总供给市场均衡在地表空间区域上表现和形成（“点线面”结构与组合区域的均衡性和合理性）、由“点线面”有机组合而形成的多层次城乡区域经济供给侧的分工协作和

---

① P. Samueson, W. Nordhause（2010）：Economics（Nineteeth Edition），McGraw–Hall.

需求侧的市场一体化不断深化、建立在区位条件和资源禀赋及现有产业规模技术基础上的城乡区域经济竞争力的进步和提升，以及城乡区域经济运行的市场机制或政府治理失衡、失调和失态等发展不全面、不协调问题与有为政府调控对策措施等。城乡区域经济运行的市场机制与政府调控的目的，是确保经济活动在空间区域上能够实现均衡协调和可持续发展。为达到这一目的，需要认真全面分析城乡区域经济发展运行的有效市场机制、深刻分析和认识城乡区域经济发展可能存在的市场失灵和政府治理失灵问题，以及全面探索解决这些失灵问题的有效对策和措施。

第一节　城乡区域经济发展运行的有效市场机制

在有效的市场机制作用下，经济活动在空间区域上形成了由“点线面”空间形态构成的多层次城乡区域经济体系。这个体系的运行主要表现为“点线面”空间经济结构和多层次城乡区域经济体系的不断完善、城乡区域经济分工合作和空间市场一体化不断深化以及城乡区域经济综合竞争能力稳步提升等。

一、“点线面”空间结构和多层次城乡区域经济体系的不断完善

（一）经济活动的“点线面”空间结构不断完善

城乡区域经济的“点线面”空间结构进一步得到优化，主要表现在作为“点”状的城乡居民点体系、“线”状的综合立体交通通信网络体系以及“面”状的农田和生态体系的不断演变和完善。

从“点”状的城乡居民点体系看，主要体现在：都市居民点数量不断增加，直到基本满足“二八”县域经济分工原理为止，城乡居民点之间

的分工合作进一步深化，制造业城市、矿业城市和农产品加工城市内部分工也将进一步深化。还表现为都市居民点内部结构的实体中心城市的规模化，以实体中心城市为核心的都市圈、城市群和城市集群化，实体城市则发生着细胞组团化（所谓细胞组团化，是指城乡居民点内部具备雅典宪章提出的居住、就业、休闲和交通四大基本功能的空间区域，或“空区”同“线段”）和城市内部空间的中心区组团、边缘区组团和独立郊区组团化，以及农村居民点集约化、规模化、大农庄商品化和小型农庄休闲化等。除此以外，还表现为城乡居民点的多方位一体融合化、全面的数字信息智慧化和绿色低碳循环化等。

从“线”状的综合立体交通通信网络体系看，主要体现在：交通通信体系的不断完善，如立体交通网络顶层设计的“线性直线三角形”网络的形成、各种通信网络的国土（乃至全球）全覆盖逐步完善、管道运输体系的形成和快速发展等；交通通信网络质量的不断提升，如立体交通运行速度、乘客舒适度和货物安全性等的不断提高，通勤时间的不断缩短、通信质量和速度档次的不断提升；交通通信技术的不断进步，如智慧交通的普及、真空胶囊交通等，通信技术的进步，如5G、6G以及未来的量子通信和中微子通信等；交通通信绿色发展，如交通工具的电动化和电子化，通信手段的低辐射、低噪声和低干扰化等。

从“面”状的农田和生态体系看，主要体现在：农业的现代化发展，如农产品的稳步增长、农业生产规模化集约化家庭化、农业产中产前和产后服务化体系完善化、农产品不出县域的深度加工化、80%的小农户休闲化等；生态环境的可持续绿色发展，如国土资源开发利用和有效保护得到高度重视、自然生态保护区（包括国家公园）面积不断扩大、生态环境修复工程稳步推进、生态环境质量恶化趋势得到有效控制、森林面积和草原面积得到有效恢复、生物多样性得到全面保护、濒危动植物得到妥善的抢救性保护、山水林田湖草沙得到和谐发展等。

（二）多层次城乡区域经济体系不断完善

由“点线面”组合形成的，建立在自然、人文和不同空间尺度上，具有不同主要功能的多层次城乡区域经济体系也是与时俱进的，主要包括以县域为基本区域单元的基层城乡区域经济体系分工协作不断深化、以都市圈为基本区域单元的中层中尺度城乡区域经济一体化进程稳步推进，以及以省域为基本区域单元的大尺度城乡区域经济综合竞争能力有序提升等。

二、城乡区域经济分工合作和空间市场一体化不断深化

城乡区域经济分工合作和空间市场一体化是一个事物的两个方面，两者是相辅相成的：一方面，分工协作不断推动生产环节技术水平的提升，推进经济规模的扩大，促进产品服务质量的进步等；另一方面，市场一体化为分工协作带来的经济规模扩张提供了更加广阔的市场空间，使分工协作的效益得以实现，同时也进一步促进了分工协作的深入发展。

（一）城乡区域经济分工合作的不断深化

按照城乡区域分工与空间区域尺度大小成反比例的规律可知，城乡区域经济分工合作主要发生在基层。从基层城乡区域经济体系分工协作不断深化看，主要表现为随着工业化城镇化不断深化，都市县与农业县“二八”县域经济分工合作体系最终形成，都市县与农业县内部分工协作也不断深化。最终形成规模化都市圈带动集约化家庭农庄农业县的现代基层城乡区域经济体系。中层中尺度城乡区域经济分工协作主要体现在产业结构行业内部差异上，主要是由地区资源比较优势、区位条件以及经济发

展历程所决定的。高层大尺度城乡区域经济体系的分工合作则主要体现在特殊的产品和质量的综合竞争力差异上，主要由地区发展阶段、发展总体思路以及经济发展意愿的强烈程度所决定。

（二）城乡区域经济空间市场一体化水平不断提高

按照“都市圈”产业结构和区域类型相对齐备、具备构建市场空间一体化基本条件的原理，中层中尺度城乡区域经济体系承担着城乡区域经济一体化的主要功能。城乡区域经济空间市场一体化水平不断提高主要表现为：一是从都市圈、城市群再到城市集群，乃至到全国区域市场、国际和全球市场，城乡区域空间市场范围和一体化水平不断提高。二是空间区域产品和服务市场在国内市场条件下，地方政府限制流通领域的要求范围越来越小，基于一体化，国际市场的关税水平在逐步下降，非关税措施也在不断减少，最终可实现世界贸易的零关税和非关税措施的完全统一。三是世界要素市场一体化相对滞后，仍然处于不断进步之中。随着《区域全面经济伙伴关系协定》（Regional Comprehensive Economic Partnership，RCEP）的实施、《全面与进步跨太平洋伙伴关系协定》（Comprehensive and Progressive Agreement for Trans-Pacific Partnership，CPTPP）的形成，以及未来世贸组织改革的成功，世界要素市场一体化将有效克服当前“逆全球化”的负面影响并得到前所未有的大发展。事实上，生产要素市场的全球一体化仍然是人类世界经济社会发展追求的最终目标。四是城乡区域经济社会发展的一体化有赖于各类硬软条件的建设和完善，这是需要时间和精力的，需要人们不断付出巨大的努力和勇气。总之，世界经济社会全球化是无止境的。

（三）城乡区域经济综合竞争能力稳步提升

经济活动的基本动力除了人类内在的需求以外就是市场竞争，包括人与人之间、产业之间和地区之间的竞争；其中，地区之间竞争涵盖了人与人之间、产业之间的竞争，是一种综合性区域竞争能力。城乡区域经济竞争能力主要由各地区的区位条件、资源禀赋以及区域发展历程（包括发展制度和政策、发展战略思路以及发展意愿和能力等软件条件）所决定。事实上，城乡区域经济竞争能力，反过来也决定了各地区经济在区域分工协作和空间市场一体化中的地位和发展水平，是城乡区域经济发展追求的最高目标，尤其是对高层大尺度城乡区域经济发展而言，更是如此。

因此，高层大尺度城乡区域经济发展的主要功能就是不断有序提升其综合竞争能力。主要包括如下几方面：一是不断挖掘和发挥区位条件的潜在优势，努力壮大城乡区域经济增长极（点）网络体系。区域综合竞争优势主要体现在增长极（点）网络上，包括增长极（点）数量的增加、增长极（点）经济规模的扩大以及增长能力的升级（如产业结构的升级、增长动力的转换）等。二是更好地发挥区域比较优势和不断扩大空间市场影响力范围。区域经济发展主要动力之一就是来源于主导产业的发展和带动作用。而地区主导产业则是建立在地区比较优势基础上的地区特色产业，并随着比较优势的变化和演进有序接替和提升，使地区主导产业和整个地区产业结构不断优化升级。随着地区主导产业和经济规模不断扩张，空间市场影响力范围越来越大，地区经济综合竞争能力也得到不断提高。三是城乡区域经济的分工地位和规模水平不断提高。各地区经济综合竞争能力最终主要体现在分工地位和规模水平上，区域分工地位一般由地区主导产业的层次所决定，如经济资源的世界、全国以及地区配置中心，各类生产生活装备制造业中心，一般非农产品制造业中心，以及农产品加工制造业中心等；至于经济规模水平，包括其中的人均 GDP 水平，更是直观地反映了一个地区经济竞争能力和地区经济发展的成就和阶段。

（四）城乡区域经济运行机制和营商环境不断完善

城乡区域经济运行机制主要包括空间市场体系、区域竞争规则以及营商环境等。就空间市场体系而言，主要包括产品服务市场体系和生产要素市场体系。产品服务市场体系是消费者与厂商之间前者向后者购买生产产品与服务的交换场所，其空间区域市场范围和一体化程度，取决于国际间关税制度安排和国内地区间行政区划的影响。目前，虽然存在一定程度的“逆全球化”影响，但无论是国际还是国内市场一体化程度都达到了基本畅通的低关税和无障碍的水平。生产要素市场体系则是消费者与厂商之间前者向后者出售生产要素的交换场所，其空间区域市场范围和一体化程度，取决于国际要素流动制度安排和国内地区间行政区划的影响。目前，区域间要素市场一体化进程虽然没有产品服务市场快，但也取得了不小的成果，地区间人力资本、资金流动和技术交流基本畅通，国际的要素市场也越来越开放，当然，进一步促进要素空间市场一体化的任务依然十分繁重和紧迫。

就区域竞争规则而言，主要包括空间市场准入、产品服务质量与技术标准、空间市场破产退出机制以及区域间关口体系安排等。空间市场准入主要靠投资负面清单和投资鼓励产业清单来管理；产品服务质量与技术标准主要靠地区间质量和技术标准相互承认，或统一执行更高区域层次的质量和技术标准来实现；空间市场破产退出机制主要是健全投资保障和鼓励机制，以破产保护手段减少因各种原因导致的投资不成功所造成的损失，以确保企业和社会的投资积极性，保持地区经济活力；区域间关口体系安排，尽可能做到畅通无阻，包括有效提供区际交通硬软条件和消除区际软条件上的障碍等。

城乡区域经济的营商环境，主要指统一的公共服务标准、统一的生产要素市场标准、统一的教育医疗和社保体系以及统一的行政执法监督体系等。统一的公共服务标准主要指土地场所的提供、交通电信网络接入服务、水电煤气辅助事业等公共服务；统一的生产要素市场标准主要指统一的产品与技术标准、统一的人力资本标准、统一的融资生态标准等；统一的教育医疗和社保体系主要指统一的人力资源教育培训体系、统一的公共医疗健康体系和统一的基本社保体系等；统一的行政执法监督体系主要指统一的经济行政执法人员条件要求、统一的行政执法依据和标准、统一的行政执法程序与手段以及统一的行政执法行动指挥体系安排等。

第二节　城乡区域经济发展运行的市场及政府失灵问题

市场在资源配置中起决定性作用，一方面城乡区域经济可以通过公正平等的有效竞争机制，取得令人印象深刻的高效发展；另一方面，由于各地区发展历程不同、各地产业结构不同、发展水平和竞争力千差万别，因此，不可避免地也会出现发展总量和速度不均衡、发展水平不协调以及发展与生态环境不可持续等市场调节失灵问题。造成这种局面的原因很多，主要包括各地区区位条件的优劣、资源禀赋的差异、产业分工和结构的不同、发展历程和阶段的先后以及发展思路决心等因素。这些优劣、差异和不同决定了各地区在整个城乡区域经济发展中分工和地位的不同，以及综合竞争力的差异。

一、城乡区域经济市场运行非均衡现象及原因

城乡区域经济市场运行非均衡，是指经济活动总需求和总供给的不均衡在城乡区域经济上的表现，需要探索其原因，才能提出有针对性的措施。

就表现而言，包括就业上的非均衡、价格上的非均衡、增长上的非均衡和内外贸易上的非均衡等。就业上的非均衡是指就业水平在城乡区域上的差异，如农村劳动力过剩与工业化地区劳动力短缺并存、经济发展兴旺地区就业不足与经济萧条的老工业基地失业现象并存、新兴产业发展地区就业不足与传统产业地区失业增加并存等。老牌的工业化国家比较重视就业或失业的城乡区域差距问题，其特殊的区域政策多是针对就业不均衡而提出的。如英国，措施包括失业人员技能培训及区际流动、改善地区间快速交通网络实现双城或异地通勤就业等。价格上的非均衡是指城乡区域之间同一种产品和服务价格上的差异，这反映了空间区域市场调节的失灵和市场一体化程度的缺陷，解决之道显然在于进一步强化城乡区域间市场的一体化进程。增长上的非均衡是指城乡区域之间在经济增长上的差异，这种差异如果是相对落后地区增长快于相对发达地区则可称为协调发展，否则就是非均衡发展，其对策显然就是要促进前一种增长状态的出现。内外贸易上的非均衡是指各城乡区域进出口量上的失衡，以及城乡区域之间存在的进出口量上的差异；前者需要进一步改善进出口贸易结构，努力实现进出口平衡，后者则需要进一步促进经济相对落后、进出口量相对较少的地区加速经济和外向型产业的发展。

就原因而言，包括总需求不足与总供给存在短板两方面。在总需求不足上，主要包括工业化城镇化发展水平还不高，动力尚显不足，农业现代化发展严重滞后，市场容量有限，难以吸收工业化产品（尤其是农业装备产品），以及非农就业机会依然不足、难以吸收更多的农村剩余劳动力（包

括农产品加工业以及“三农”服务业等)。在总供给短板方面，主要包括城乡区域经济增长极(点)培育力度不足，分布上存在严重的“过密、过疏”现象，空间市场一体化交通基础设施硬件条件建设尚需进一步加强并提高质量，农业综合生产效率特别是人工生产效率太低、集约化规模化程度有待大幅提高等。

二、城乡区域经济市场运行非协调现象及原因

城乡区域经济市场运行非协调现象，是指经济活动在城乡空间区域上不同的分工地位和实力差异而引起的发展水平、总量和速度上的差异，也需要探索其原因，才能提出相应的对策。

就表现而言，包括水平格局上的非协调、总量格局上的非协调和增长格局上的非协调。水平格局上的非协调，即各地区人均 GDP 上的差距，反映的是各地区人力资本生产水平和效率的高低，是城乡区域经济发展不协调最基本的经济指标。一般而言，城乡区域层次越高，区域间人均 GDP 差距越小，反之就越大，因此县域之间的区域差距比地域、省域之间大；另外，发展中国家城乡之间差距大于区域之间的差距，各地区之间的差距主要来源于乡村之间的差距，而城市之间的差距相对较小，因此缩小区域差距的重点应该放在乡村。总量格局上的非协调，是指 GDP 总量在区域分布上的差异，主要反映的是一个地区自然和人文资源开发程度和开发效益，因此主要受制于自然资源丰腴程度和人文资源的发挥水平，包括城镇体系完善程度、交通网络体系的发展质量和水平以及农业生产的现代化水平等。增长格局上的非协调，是指 GDP 增长速度在城乡区域之间的差异，主要反映的是短期空间区域投资力度的差异、现有产业体系和结构的发挥能力以及空间区域投资效果的差异等，揭示的是当前国家城乡区域投资发展的重

点、各地区经济发展效益的不同以及城乡区域经济格局演变的方向等。

就原因而言，包括区位条件、资源禀赋、产业结构和发展战略等因素。各地区的区位条件决定着其在整个空间区域体系中的分工地位和作用，决定着其未来发展潜力的大小，是区域发展最重要的影响因素。资源禀赋决定着一个地区经济发展的比较优势、产业发展方向和结构特点，并在一定程度上决定着一个地区经济发展的规模和水平。产业结构则是一个地区当前经济实力的体现，也是未来产业升级的起点和基础，决定着产业可能的转化方向。发展战略则决定了一个地区未来发展的方向、重点和途径，决定着该地区今后可能达到的区域分工地位，也反映了该地区未来发展的意愿和决心。

三、城乡区域经济市场运行不可持续现象及原因

城乡区域经济市场运行不可持续现象，是指经济活动与自然资源、生态环境之间的不可持续在城乡空间区域上的表现，更需要探索其原因，才能提出相应的对策。

就表现而言，主要包括生态破坏、环境污染、气候变化以及自然和（或）人为原因导致的各类自然灾害等。生态破坏，包括植被破坏、土壤侵蚀和水土流失、草原退化、土地荒漠化（如土地沙化、沙漠化和石漠化等）、土壤盐碱化等。环境污染，包括大气污染、水体污染、土壤污染、生物污染、热污染、辐射污染、震动污染、噪声污染以及光污染等。气候变化，包括气温升高、降水增加、臭氧层破坏、夏季变长和冬季变短等，以及由此带来的（或可能带来的）冰山融化、海平面上升、海岸线后退、岛屿消失等变化（一般认为，主要是温室气体排放造成的，也有自然因素的作用，在何种因素更为主要上尚有争议；而且，有些变化是有利的，如干旱半干旱土地

面积减少、植被土地面积增加等，但大多是灾害性的）。自然和（或）人为原因导致的各类自然灾害，包括洪水与干旱、森林火灾、地震与火山爆发、瘟疫与生物灾害（如新冠病毒、家禽瘟疫、蝗灾等）。

就原因而言，主要包括自然资源不合理开采利用、污染物的排放、落后的生产技术和不良的消费观念等。自然资源不合理开采利用，如超过可再生资源循环率的过度开采利用（如水资源、生物资源等）；对不可再生资源低效率的利用，加速了资源枯竭的速度，同时既造成了宝贵资源的浪费，又增加了污染物的产生和排放等。污染物的排放，如生活、生产和医疗等活动产生的废气、废水和废渣（固体废弃物）等“三废”排放，温室气体的排放，废热、废能排放（辐射能、振动能、噪声能和光能等）等。落后的生产技术，指高耗能、高耗水、高耗物、低效率的生产工艺，自然资源和能源原材料综合利用水平不高、生产工艺的“跑冒滴漏”现象严重、水循环利用技术落后、节能技术尚需大力提升等。不良的消费观念，如过度的产品包装、食物浪费和其他产品的过度消费时有发生、废旧物资回收体系不完善、垃圾的分类化和资源化尚有待加强等。另外，还有些是自然原因造成的，如厄尔尼诺和拉尼娜现象、地球自转的进动现象、太阳黑子和日冕活动等。

四、城乡区域经济市场运行中政府干预失灵现象及原因

城乡区域经济市场运行中政府干预失灵，是指政府作为经济活动的参与者之一，提供经济运行必需的法规制度、营商环境和指导性战略政策安排等，以确保经济有效健康运行。但是，当面对市场运行的非均衡、非协调和不可持续等失灵现象时，根据这些功能和职责，政府可以出于种种原因选择干预与不干预两种对策，而且每种对策又有可能出现成功与失败两

种结果。因此，政府对市场运行失灵的干预（或不干预）所产生的失灵现象主要包括以下两个方面：一是政府不干预（或干预缺位）造成市场失灵现象的进一步恶化（也可能不干预出现市场运行成功的现象，市场机制的自我调节发挥了作用），也就是说政府缺少有效干预对策或干预不力造成更严重的市场失灵问题；二是政府进行了干预，但不成功并导致市场失灵后果更加严峻。关于政府缺少有效干预对策或干预不力造成的更严重的市场失灵问题，主要表现为农业农村经济进一步相对落后于城镇经济、东西部区域间经济发展绝对水平有大幅度缩小但绝对差距依然在扩大（大尺度区域间、省区间、地市间和县域间也是如此，而且更为明显）、生态环境脆弱地区保护力度有待加强、环境污染控制水平还有待大幅度提高、气候不利变化势头依然没能有效控制等；其原因包括城乡区域经济发展总体水平还不高、城乡区域经济发展阶段仍然处于要素和规模极化发展阶段、城乡区域经济产业结构和技术还处于提升阶段、合理的人口资源环境和经济布局关系尚处于磨合状态、自然资源开发利用和综合利用水平有待提升、生态环境保护意识有待提高等。关于政府干预不成功并导致市场失灵后果更加严峻问题，主要表现为城乡区域之间基础设施和社会公共服务水平差距较大、城乡区域间营商环境差距明显、城乡区域间经济社会政策统一程度有待提高、城乡区域生态环境保护投入差距较大等，其原因包括城乡区域转移支付性财政与区域差异性货币宏观政策失误、地区性产业政策与区域性扶持政策的失误以及微观企业选址和布局政策失误等。

第三节 城乡区域经济发展运行的有为政府治理调控体系

克服和解决城乡区域经济运行中市场机制的失灵以及政府干预调控上的失灵，就需要大力提升有为政府的治理体系和能力。城乡区域经济发展运行的有为政府治理调控体系包括治理调控机构、治理调控内容和程序以及治理调控手段和措施等。

一、城乡区域经济运行治理调控机构

经济活动的城乡空间区域运行的治理调控机构涉及中央政府和各级地方政府，内容包括宏观综合、部门条条和区域块块等三方面问题，其中中央政府主要负责城乡区域经济运行失灵问题的干预决策，以及宏观综合和部门条条方面的问题，而地方政府主要负责中央和上级政府干预决策的执行，以及区域块块问题的解决与补充配合等。

（一）中央政府的有效治理与调控体系

事实上，中央政府及其组成部门都有在管辖范围内治理地方相关事务的职责，归纳起来主要包括宏观性的综合城乡区域治理管理体系和专业性的部门条条城乡区域治理管理体系。

1. 中央政府宏观性的综合城乡区域治理管理体系

包括行政区划管理机构、综合城乡区域管理机构和特殊城乡区域管理机构。

——行政区划管理机构，为国家城乡区域治理提供多层次空间区域区划基本框架。从实践看，各国行政区划体系主要由两种类型组成：一是“点”状的城乡居民点型行政区划单元；二是“块”状的区域性行政区划单元。而且，多数国家都将城乡居民点型行政区划单元纳入区域性行政区划单元中的县域管辖范围，形成“县管市”模式①。因此，各国行政区划体系大体上形成了基本框架：一是区域性行政区划形成了省州级和县郡级二级

① 从空间区域占用方式看，这是非常合情、合理与合适的；但从现代社会人口和经济实力主要集中于城市居民点来看，又有可能忽视城市重要的中心辐射作用。

（如大多西方国家），或省州级、地市级和县郡级三级行政区划体系（如中国）；二是在县郡级行政区划内部进一步形成各城乡居民点型区划体系。

——综合城乡区域管理机构，指国家宏观综合经济管理部门对城乡区域经济重大战略、规划和政策的制定和安排。以中国为例，主要包括国家发展改革委、财政部、中国人民银行、国家统计局等。这些中央机构本身就是负责国家宏观经济发展规划和管理的，其中当然包括城乡区域经济的综合规划与管理，对城乡区域经济发展的主要职责包括国家多层次城乡区域经济综合区域体系的划分，城乡区域经济中长期发展战略规划，城乡区域经济重大项目与投资安排，城乡区域经济协调发展重大措施的实施，城乡区域经济均衡和可持续发展的对策和措施，城乡区域经济综合统计信息资料收集、整理和公布等。再看美国，主要包括联邦行政管理和预算局、商务部、财政部和联邦储备委员会等，对城乡区域经济发展的主要职责包括制定美国大小都市区统计体系（联邦行政管理和预算局），制定特殊地区城乡区域振兴开发计划和城乡区域转移支付政策（商务部和财政部），城乡区域经济综合统计信息资料收集、整理和公布（商务部和统计局）等。

——特殊城乡区域管理机构，指中央政府及有关部委设立的为特殊行政管控目的服务的城乡区域管理机构，如美国著名的田纳西河流域管理局、英国的爱尔兰事务委员会、日本国土交通省中设立的北海道开发局（原日本北海道开发厅）、中国国家发展和改革委员会设的地区司（专管西部大开发）和振兴司（专管东北振兴）等。

2. 中央政府专业性的部门城乡区域治理管理体系（条条对区域的专业化管理）

中央或联邦政府的经济产业部门（如农业、工业、交通、商务、金融等），以及社会、文化、生态和政治等专业性部门都肩负着其领域的国土空间区域治理任务，是条条对区域的专业化管理。部门对区域的专业化管理具有以下几个共同特点：一是需要根据本专业事务对城乡空间区域占用特点和组合分布规律，构建符合本专业事务特点的国土城乡空间区划体系，如农业生产区划体系、制造业依托城镇分布体系、综合立体交通网络体系、商业流通依托城镇分布体系、金融业依托城镇分布体系、教育医疗城乡居民点分布体系、旅游文化事业空间区域分布区划体系等；二是制定部门专业性空间区域开发和发展战略规划、重大项目和主要措施；三是参与国家重大城乡区域发展战略规划、国家重大城乡空间区域协调发展规划，并为国家城乡区域发展战略规划提供执行、落实和支撑保障。

（二）各级地方政府城乡区域治理管理体系

按照一国宪法和中央或联邦政府与地方政府权力划分的有关规定，各国各级地方政府都是其行政管辖范围内法定的公共事务的直接监管责任人。按照各国地方政府的实践经验，各级地方政府治理的主要任务包括：一是按照国家发展总体新格局的要求，做好本辖区内国土空间区域资源开发利用和保护规划，协调好区内人口、资源、环境和经济发展之间的良性循环关系；二是按照国家经济社会发展中长期发展总体战略和规划的要求，结合本辖区具体的比较优势和特点，做好本辖区内融入国家总体发展新格局的经济社会发展中长期发展战略和规划，落实好国家和本辖区主要任务、项目和工程；三是按照国家法律法规和政策的要求，为本辖区内城乡区域经济均衡、协调和可持续发展提供良好的营商循环、不断完善的基础设施和不断改进的社会公共服务体系等。

各级地方政府承担的城乡区域治理管理任务，按其性质和来源，主要分为以下三类：中央及上级政府法定交给地区政府承担的公共事务（即上级委派公共事务的承担者和执行者）、地方政府法定的地方性公共事务（当地公共事务的管理者），以及法定的地区间公共事务（跨区域公共事务的参与者）。

二、城乡区域经济运行有为政府治理调控内容和程序

（一）有为政府治理调控内容

1. 确立调控目标

城乡区域经济运行主要涉及经济发展中长期目标，大体上包括均衡、协调和可持续发展三方面指标。

城乡区域经济运行的均衡目标，是指经济发展的一系列宏观指标，包括就业水平、物价波动、经济增长和国际收支四大指标在城乡区域经济上的均衡分布格局。城乡区域经济均衡发展的目的，在于要求全国和各地区的四大指标健康运行，否则就会出现非均衡现象。各国各地区发展的经验表明，就业指标中的失业指标应当控制在5%之内，物价波动范围应该控制在-2%到3%之间，增长速度应该保持在潜在增长率上下两个百分点的范围内，而国际收支盈余或赤字应该保持在可接受的范围之内（大体上，短期盈余保持在出口额的10%左右，赤字则保持在出口额的10%左右，中长期看则应该保持零的均衡状态）。从空间区域看，这四大宏观经济运行指标在空间区域上都能找到最好与最差的表现区域，这些区域就成为宏观经济政策进行干预与发挥作用的重点地区。

城乡区域经济协调发展目标，是指经济发展的主要结果指标，包括经济发展水平、经济总量和增长速度等在空间区域上的协调分布格局。城乡区域经济协调发展的目的，是确保城乡区域间经济发展水平、经济总量和增长速度保持在经济健康循环发展不受影响和一定的社会能够承受的城乡区域绝对和相对差距范围之内，如以人均GDP来表示的城乡区域经济发

展水平要求其相对差距保持在0.8倍到1.2倍之间（德国的标准为低收入地区人均收入不得低于平均收入水平的70%，高收入地区则不得高于平均水平的30%），绝对差距的理想值则为零，即没有差距，这是很难达到的。城乡区域经济总量格局主要取决于空间区域范围大小、区位条件、资源禀赋和经济发展阶段潜力等，各地区经济总量差异虽然不影响其发展水平的判断，但其相对排序则比较直观地反映了其经济总体实力，是其整个区域经济体系中地位和影响力的体现。城乡区域经济增长速度格局则反映了各地区经济发展的潜力和趋势，是城乡区域经济未来发展格局的先行指标。具体原理是，如果城乡区域经济增长格局表现为相对落后地区经济增长速度快于相对发达地区，则城乡区域经济呈现出收入水平差距缩小的趋势和协调发展格局；反之，则呈现出收入水平差距扩大的趋势和不协调发展格局。

城乡区域经济可持续发展目标，是指确保人口、资源环境、自然气候和自然灾害等领域的主要指标，如人口增长和城镇化、资源综合利用水平、生态环境保护水平以及自然气候变化和自然灾害等，在城乡空间区域上与经济发展水平相适应。城乡区域经济可持续发展的目的，是正确处理好经济与人口资源生态环境之间的关系，确保人类经济社会发展得以永续。关于正确处理好城乡区域经济发展与人口增长和城镇化的关系，从目前正反两个方面的经验看，充分认识和协调人口的生产性与消费性之间的辩证关系，遵循人口发展演变的客观规律，有效确保人口的适度增长，对处理好经济增长与人们生活水平的不断提高和保持未来发展的潜力，以及防止“少子化”和“未富先老的老龄化”等不利人口结构的出现，都有着十分重要的意义。至于中国的城镇化，则持继续积极鼓励走中国特色新型城镇化的态度，有鉴于新一轮新型城镇化总体战略正在紧锣密鼓地制定中，特提出如下三点建议：一是明确新一轮新型城镇化的目标应该是与时俱进，实现90%的高度城镇化水平，与世界发达国家看齐。二是构建舒展的全国城镇体系，并与全国一体化的城乡居民点体系有机融合在一起，为此要采取以下有效措施，如增加地级及以上城市数量，将所有县城都设为建制城市，构建实体城市体系、放开建制镇设立途径等，以实现构建舒展型城镇体系的目的，为有效解决大城市病和小城市破败问题打下良好的基础。三是全力推广高层高密度的紧凑型城镇建设模式，城镇是建筑物的集中布局，讲的是集约效率，中国人多地少，更应该如此。从历史进程和技术进步看，建筑物集中方式先后出现过低层低密度、低层高密度、高层低密度和高层高密度四种方式，未来中国城镇建设模式应该选择高层高密度的紧凑型城镇建设模式。

关于资源综合利用水平的调控，主要涉及两方面：一是不断提高自然资源开发利用水平。通过技术含量和利用效率，要把资源“吃干榨尽”，既提高了效率又减少了废物产生和排放，一举两得，对技术创新要求高。二是自然资源要保护性开发。既要不断提高开采环节的资源获得水平避免资源浪费，又要在开采过程中尽量不破坏生态环境，事后采取必要的“生态修复”措施。关于生态环境保护和环境污染治理，就生态保护而言，主要包括构建完善的自然生态保护体系（包括国家公园、自然保护区和世界自然遗产保护体系等），强化国土开发建设中的生态保护措施，开展全面有效的生态修复工程，以及对天然脆弱的自然生态体系进行必要的改造等。就环境污染治理而言，主要是建立完善的前端、中端和末端治理体系。前端治理是指从城镇、产业和企业合理布局，需要考虑自然环境容量的大小，做到充分利用自然环境容量，尽量减少污染对环境的影响程度；中端治理是指在生产和生活环节，注意能源、各种矿产和原材料的综合高效利用，注意有效控制生产和生活环境的“跑冒滴漏”现象，强化能源物质的循环重复利用，努力减少“三废”等环境污染物的排放；末端治理是指对生产和生活中产生的“三废”和废弃能源采取回收利用、无害处理和有效储存等管理和技术手段，以减少污染物排放，实现达标排放的治理过程。关于自然气候变化和自然灾害的调控，就自然气候变化而言，主要包括建立气候变化全面有效的利弊分析评估体系，有效落实温室气体排放控制措施，加大温室气体自然（植树造林和国土绿化）与人工的回收利用技术与体系建设，以及构建气候变暖可能引发的灾害防范措施体系等。就自然灾害而言，主要包括进一步强化自然洪水和干旱灾害（包括泥石流、滑坡和地表塌陷等地质灾害）的防范体系，不断提高地震火山灾害和森林火灾的防御能力，大力强化生物疫情灾害的防护监管体系建设（包括农业生物病虫害防治、牲畜瘟疫防治和人类瘟疫防治等）等。

2. 明确调控途径

包括城乡区域经济发展战略、规划与政策三大途径。战略途径，主要包括以调控问题和调控目的为导向，从战略的高度，明确城乡区域经济均衡、协调和可持续的指导思想，遵循的基本原则、目标和步骤等调控的总体思路。指导思想，是指调控的社会制度背景、发展阶段背景和国民经济发展总体思路背景等，为坚持正确的符合各国国情的调控思路和方法奠定了意识形态基础；遵循的基本原则，是指调控中要正确处理好城乡区域经济内外部关系，确保抓住调控问题的主要矛盾，以期最大限度地获得调控的效益；目标和步骤，是指按照调控的最终目的，正确处理好调控的短期和中长期关系，处理好主要矛盾和全面发展的辩证关系，使政府调控活动始终处于正确和良性的轨道上，并按部就班地、一步一个脚印地和不折不扣地全面得到实现。规划途径，主要包括政府调控的主要任务（做什么）和主要措施（怎样做）。主要任务包括城乡区域间工业化城镇化均衡发展、城乡区域和区际联系进一步互联互通、区际农业协调发展、区际生态环境保护协调等；主要措施包括城乡区域发展协调组织机构的建立、重大区际事项的沟通协调（如基础设施、公共服务体系和生态环境保护工程等）以及重大投资环境改建和建设项目的设立等。政策途径，主要包括政府调控的体制机制保障安排，如组织机构、领导和责任关系、部门分工与合作、要素保障和工作程序、信息反馈和监督管理以及调控成效评价等。

3. 采取的调控方式

主要包括经济手段、行政手段和改革开放手段等，可根据调控的对象、问题的严重程度、调控的力度要求和调控手段程度等具体情况，确定调控的方式方法。就经济手段而言，主要是针对调控对象和问题，可通过进一步完善市场机制、补齐有关市场调控缺陷就能加以解决，如进一步完善城乡区域经济间分工合作和空间市场一体化体系（特别是有效促进要素市场体系建设）、强化城乡区域合作组织与交流机构的建设，以及建立区际重大投资和重大项目合理安排机制等。就行政手段而言，对一些关系国计民生的、严重影响社会稳定的、经济调控手段作用难以达到效果的（或尚不具备采取经济手段条件的）市场失灵现象，需采取比较严厉的行政手段来加以适当干预和控制，如居民收入分配的调控、不合理的价格变化（房价、地价等）以及严重的生态破坏和环境污染等。就改革开放手段而言，对一些中长期问题、战略性和全局性问题，需要从长计议，要考虑从体制机制和顶层设计的高度，利用改革开放的手段加以完善并构建具有持续性的“四梁八柱”的制度体系，如全面现代化保障体系、高质量发展体制机制、创新发展模式、内外双循环新发展格局等。

总之，通过确立调控目标、明确调控途径和采取的调控方式，以确保最终调控结果有效解决好城乡区域经济发展中出现的市场和政府失灵问题，达到城乡区域经济均衡协调和可持续发展的要求。

（二）有为政府治理调控程序

1. 立法程序

西方发达国家城乡区域经济治理非常重视立法程序的作用，他们认为城乡区域经济均衡协调和可持续发展是需要政府有效干预的公共事务，政府的干预必须建立在完善的立法基础之上。从实践看，西方发达国家的立法主要包括城乡区域经济均衡协调和可持续发展基本法、城乡区域公共基础设施均衡建设法、城乡区域公共服务均等法以及城乡区域转移支付法四个方面。

2. 行政执法程序

包括中央政府及各行政垂直管理机构的执法、地方政府履行中央政府下达的任务以及地方政府对地方发展事务的直接管理职责等。关于中央政府及各行政垂直管理部门机构的执法，各国因情况不同，行政垂直管理部门机构的范围也就不同，一般而言与经济管理有关的行政垂直管理机构主要有中央财政部门、中央银行、海关总署、国家邮政部门、国家交通部门、国家基本社会保障部门、农业部门等，这些行政垂直管理机构在中央政府设立总管机构外，在全国则依据其业务特点划分若干区域，并设立区域性分支机构，提供有关政府服务和监管有关对象。关于地方政府履行中央政府下达的任务，是指中央政府及非行政垂直管理机构下达或分配任务，地方政府及有关部门需认真执行（当然，西方一些联邦制国家上下级政府之间没有隶属关系，主要靠宪法的制度安排履行各自的职责并直接向选民负责）。至于地方政府对地方发展事务的直接管理职责，包括法定的主要由地方政府负责完成的一切地方性公共管理事务，如基础教育、健康医疗、环境卫生、房地产开发、社区服务、生态环境保护等（当然，在这些主要由地方负责的领域，中央或联邦政府也是有责任的，主要是按照国家总体发展战略要求，通过制定专门的各领域的发展战略和方针，以及一系列包括财政补贴在内的优惠政策，来加以引导和鼓励其发展）。

3. 司法纠纷解决机制和程序

城乡区域均衡协调和可持续发展的纠纷主要涉及宪法法院、行政法院和普通法院。宪法法院主要解决城乡区域均衡协调和可持续发展立法的合规和合宪性问题，如美国田纳西河流域管理局设立立法的合宪性问题，经过美国联邦最高法院辩论和投票裁决才最终获得通过，中国中西部范围划分主要是通过中央和地方政府之间友好协调来加以解决并用法律的形式固定下来。行政法院主要解决的是城乡区域经济均衡协调和可持续发展中的居民与政府之间的纠纷问题以及地方政府之间的纠纷问题。居民与政府之间的纠纷问题主要发生在征用居民财产领域，地方政府之间的纠纷问题则主要发生在公共基础设施管辖有关问题，如边界道路的修理与维护、边界社会治安管理和边界生态环境管理责任等。普通法院主要处理的是城乡区域经济发展中生态破坏和环境污染造成的居民与企业之间的纠纷问题，如大气污染、水体污染和固体废弃物污染以及交通邻里噪声污染问题等。

三、城乡区域经济运行治理调控手段和措施

（一）财政税收手段和措施

城乡区域经济均衡协调和可持续发展调控的最直接的手段就是地区差异性的财政税收政策措施。就城乡区域经济均衡而言，可以通过逆向差异性财政税收体系安排，即对经济发展区位条件、资源禀赋及产业结构相对落后地区，从平衡竞争条件的角度给予适当优惠倾斜，这是西方发达国家采取的基本区域政策的理论基础，如英国的区域就业均衡政策、欧盟的区域财政平衡政策和美国的区域投资均衡政策等。就城乡区域经济协调而言，主要是平衡区域间的人均收入，最直接有效的手段就是区域间转移支

付体系的安排，包括如下程度和档次：一是平衡区域间人均财政收入水平（包括财政收入和公务员收入的均衡），如中国、俄罗斯、马来西亚和南非等国家的区域政策；二是平衡区域间人均财政支出水平（包括财政收入和公共服务支出的均衡），如西班牙、希腊和韩国等刚步入高收入国家的区域政策；三是平衡区域间人均 GDP 水平（包括区域间人均收入的均衡），如美国、西欧和日本等发达国家的区域政策。就城乡区域经济可持续发展而言，西方发达国家无私人占用的国土，如高山峡谷、森林草原、荒漠、冰川等都属于国家所有，并受到国家财政的监管和保护；而为国民占有和使用的国土，政府负有生态环境功能的保持和维护之责。

（二）金融与投资手段和措施

包括政府政策性金融和国家投资战略安排。政府政策性金融，目的在于有效满足经济相对落后地区的企业对资金的需求，减少它们使用资金的成本，提升相对落后地区经济自我造血功能；国家投资战略安排，是指国家公共投资领域中，不断加大对经济相对落后地区的投资，以满足和促进这些地区跟上发达地区发展的步伐，实现共同发展和共同富裕。

（三）要素市场监管

包括资金、土地与资源、人才与技术以及数据资源等要素市场的一体化发展和监督。一般而言，要素市场的完善和一体化有利于城乡区域经济的发展，但是在激烈的竞争条件下，经济相对发达的地区往往处于更加有利的地位。为了促进区域间公平竞争，就需要对相对落后地区给予适当的监管和鼓励，以创造相对平衡的竞争环境。另外，经济相对落后地区的长项主要是土地、资源和劳动力，要更多地鼓励这样的产业发展；经济相对发达地区的长项是资金、技术和人才，要鼓励这些地区支援相对落后地区的发展（中国在这方面有着比较成功的经验）。

（四）基础设施、公共服务和生态环境保护

市场经济健康运行离不开政府提供相应的硬件条件，尤其是经济相对落后地区，由于提供这些条件的成本高，更是需要政府作出更大的努力和实施倾斜政策。事实上，城乡区域均衡协调和可持续发展，首先就要做到基础设施、公共服务和生态环境保护的优先均衡协调和可持续发展，然后才谈得上地区间人均 GDP 差距的缩小和平衡，最后才能够实现地区间最终均衡协调和可持续发展的宏观目标。

（五）统计制度和体系

国家统计可以反映一个地区经济发展的成就、相对地位和面临的问题，尤其对经济相对落后的地区，在找寻经济发展面临的问题和差距上尤为重要。首先，要统一地区统计指标体系（目前要求国内外统一有一定的难度，国内统一基本做到），以便于地区间进行比较；其次，要多设置与城乡区域经济均衡协调和可持续发展相关的指标体系，如地区间发展水平绝对差距和相对差距指标、地区间发展总量的绝对差距和相对差距指标，以及地区间发展速度的绝对差距和相对差距指标等；最后，要设立城乡区域经济均衡协调和可持续发展目标体系，以便与实际发展指标对比，可随时了解城乡区域经济均衡协调可持续发展情况。

参考文献

[1] 沈怡君 . 基于区块链技术的微电网区域经济运行机制研究 [D]. 中国矿业大学，2020.
[2] 张畅 . 长江经济带经济运行机制和增长动力分析 [D]. 深圳大学，2017.
[3] 谷国锋 . 区域经济发展动力系统的构建与运行机制研究 [J]. 地理科学，2008（03）：320–324.
[4] 黄文光 . 地方高校科研创新服务区域经济的运行机制探讨 [J]. 科技管理研究，2010，30（24）：

88–90+83.
[5] 危明铸，麦伟杰，袁峰 . 区域经济运行机制模型建立——以广州市南沙区为例 [J]. 现代信息科技，2020，4（05）：1–7.
[6] 刘耀彬，谭术魁 . 中部地区区域经济运行机制及路径 [J]. 经济地理，2007（02）：270–274.
[7] 杨玉梅，杨俊生 . 促进区域经济协调发展的区域行政运行机制探析 [J]. 改革与战略，2011，27（10）：106–108.
[8] 文卫 . 对地方高校服务区域经济发展的运行机制思考 [J]. 金融与经济，2009（07）：85–87.
[9] 王建康 . 五大发展理念在区域经济中的运行机制实证研究——以攀枝花市仁和区为例 [J]. 现代营销（下旬刊），2019（04）：124–125.
[10] 韦锦义，赖洁基 . 强基项目运行机制与区域经济发展协调性分析——基于主成分分析法与协调度模型 [J]. 桂林航天工业学院学报，2017，22（03）：255–260.
[11] 任靖宇 . 论高校文化服务区域经济社会发展的资源配置和运行机制 [J]. 前沿，2014（Z9）：188–190.
[12] 马林，平建恒，杨玉文 . 东北经济区区域经济协作运行机制研究 [J]. 大连民族学院学报，2009，11（04）：309–313+317.
[13] 邹贤珍 . 区域经济视角下校企合作运行机制探讨 [J]. 时代农机，2016，43（07）：133–134.
[14] 赵秀池 . 区域经济运行机制研究 [J]. 商业时代，2009（23）：54–55.
[15] 蒋清海 . 区域经济运行机制的演变与完善 [J]. 经济纵横，1992（02）：24–28.
[16] 蒋清海 . 中国区域经济运行机制的演变与完善 [J]. 新疆社会经济，1991（06）：47–52.
[17] 吴解生 . 论我国区域经济运行机制的转换与完善 [J]. 社会科学，1990（05）：63–67.
[18] 张炜 . 重构市场经济条件下的区域经济运行机制 [J]. 新疆财经，1994（06）：16–19.
[19] 马桂信，何海云 . 区域经济运行机制的构想——兼议计划经济与市场调节相结合的具体形式 [J]. 中南财经大学学报，1992（02）：21–24.
[20] 汪玉奇 . 区域经济运行机制与我省经济体制改革 [J]. 赣江经济，1986（03）：28–30.

后　记

本人从事城乡区域经济研究数十年，被其所涉及的无限宽阔的领域、博大精深的内容体系以及浩如烟海无所不包的文献资料深深地吸引和折服。同时，也与业内众多专家学者一样，对其始终缺乏必要的独立的理论体系和学科逻辑框架，感到十分意外与震惊！现代经济地理学界的众多专家学者，也包括本人，始终为这一学科的基本理论问题和逻辑关系所困扰，并一直在努力探索和寻求这些问题的合理解决方式和共识性答案：城乡区域经济学或现代经济地理学究竟有没有自己的理论体系和逻辑框架？其所涉及的经济学与地理学两大学科，究竟如何有机地交叉和结合，由此能否厘清两者之间合理的交叉逻辑关系？如果城乡区域经济学有自己的理论体系和逻辑框架，那么究竟如何才能有效完整地构建起学科体系？如此等等。带着这些学科的基本问题，经过多年的艰辛思索和独立思考，渐渐地有了一些尚显浅薄的初步的心得体会，这些都在这本薄薄的书稿中有所体现。

概括地说，这个初步的心得体会主要是，城乡区域经济学或现代经济地理学，应该从经济活动在地表空间区域的占用、组合、尺度和分层等角度来加以分析，或从纯粹的空间区域的起源发生性、整体结构和优化演变性的角度来加以分析和研究，大体上应包括以下四个方面。

一是有起点。经济活动的地表空间区域分析是有起点的，即经济活动对地表空间区域的占用行为和形态分析。研究表明，经济活动对地表空间区域的占用行为和形态分析是与数理几何分析基本原理高度契合的。一般说来，数理几何分析基本原理，是指平面几何分析有且只有“点线面”分析方法，即平面几何都是由无数的“点”构成，“点”的运动形成“线”，“线”的运动形成“面”，即平面几何，由此形成平面几何的“点线面”分析的基本体系，也是唯一的体系。将这个一般性的数理原理应用到经济活动的地表空间分析中，就可以得到如下结果：经济活动的地表空间区域分析中“点线面”结构具体化为“点”就是城乡居民居住点体系，“线”就是连接各城乡居民点的交通通信线路，而“面”就是农田和生态用地等。

二是有区域。城乡区域经济是由城乡居民点、交通通信线路以及农田与生态用地“点线面”三种基本地表空间占用形态缺一不可地有机组合（即所谓“以线串点、以点带面”和著名的克里斯泰勒的中心地理论模型）在一起形成具有一定结构的城乡区域经济整体，否则就不能称为城乡区域经济。同时，还应该指出的是，地表空间是无限的，必须以某种方式划分为有限的区域才能加以研究，正如直线或曲线由无数的“点”组成，只有将其按照某种方式划分为若干“线段”才能加以研究，无限的空间划分为有限的区域，可以称为“空区或区块”（类似“线段”），因此，按照某种方法划分空间区域就成为研究无限空间的最基本和最有效的方式之一。以前述城乡居民点、交通通信线路以及农田与生态用地组合划分的城乡区域经济体系，就成为研究经济活动的地表空间区域分析的必然选择。

三是有尺度。城乡区域经济体系是有空间区域尺度大小要求的，这就是城乡居民点的尺度、交通通信线路的尺度以及农田和生态用地的尺度。如小到一个建筑的空间尺度，甚至物理分子原子的尺度，大到超过地球的空间尺度、宇宙的尺度，都超过了城乡区域经济研究合理的空间尺度范围。

四是有层次。在合理的空间区域尺度范围内，城乡区域经济体系是可以为任何目标、按照任何不同的主要功能分解为许多不同层次的。可以将多层次城乡区域经济体系归纳为三个层次：基层以“县域”为基础的小尺度城乡区域经济体系，主要功能是用于区域分工合作分析；中层以“地级市”（美国为大小都市统计区）为基础的中尺度城乡区域经济体系，主要功能是用于空间区域市场一体化分析；高层以“省域”为基础的大尺度城乡区域经济体系，主要功能是用于城乡区域经济增长极体系、综合竞争能力培育以及均衡协调和可持续发展水平的分析。

以上四个方面的初步思考和想法，不乏浅薄之处，也不知道正确与否，在此敬请各位同仁和学友深入批评指正，以便进一步完善修改，以期能得到对这些基本学科问题的些许领悟、理解和答案！

学无止境，经济活动的空间区域分析和城乡区域经济学是没有终点的，这个初步的分析和探索只是个开始，而且真正的研究就是要道人之所未道，以成一家之言，相互切磋，共促学科不断进步。同时，在此还必须指出的是，事实上这些关于经济活动的地表空间区域分析，或城乡区域经济学基本问题的思考，并非孤立和独有的。《2009 年世界发展报告：重塑世界经济地理》指出，如果按照经济活动总量的地表面积密度来分析（事实上，也是研究经济地理分布规律和特点的最佳的科学方法），那么，世界经济在地表空间区域分布的特点是以城乡居民点为主要载体的一个个独立的森林状分布。本人深表赞同，并根据本研究，稍作些补充：按照国土面积经济密度计算，城镇居民点经济分布表现为独立的森林分布，乡村居民点经济分布表现为独立灌木丛式分布，而农田和生态用地经济密度分布则为草地式分布，由此构成了人类经济活动在地表空间上分布的森林、灌木和草原的植被分布特征。

为进一步完善经济活动的分析框架体系，为城乡区域经济健康、快速和协调发展提供更好的理论支撑，未来需要深化和改进之处很多，大体上主要有如下几个方面：一是作为城乡区域经济研究起点的经济活动的“点线面”基本占用形态，其发展逻辑和演变规律尚需设专章加以论述；二是城乡区域经济均衡协调和可持续发展的立法体系值得深入探讨；三是世界城乡区域经济总体格局尚需要探讨，世界经济政治传统的东西南北关系格局如何深化，其具体的“点线面”空间区域结构格局以及多层次城乡区域经济体系如何构建、演变和改进，非常值得进一步研究；四是作为理论的实践和应用，要与时俱进地探讨与总结出城乡区域经济发展的具体模式和途径，以更好地指导和服务于实际活动。

同时，借此书出版的难得机会，本人真诚地想将这本并不十分成熟但的确经过十分认真思索而艰难完成的专著，作为礼物献给我十分尊敬却又难以回报的各位导师，对他们多年来的谆谆教诲略表思念与感激之情！如令人肃然起敬的前辈、已经去世多年的我的博士生导师刘再兴先生，我十分尊敬的、也已去世多年的学界前辈杨树珍先生，中国人民大学教授张敦富先生，已故去的中国经济地理和人文地理的学科带头人吴传均院士，中国经济地理学界泰斗级学者陆大道院士，以及我博士后研究工作的直接导师、学贯中西的国际欧亚科学院院士毛汉英等。同时，本人也要将这本书作为礼物，献给我在中山大学、北京师范大学、中国人民大学和原中国科学院地理研究所学习和工作期间遇到的众多老师、学长。而且，我还要将该书作为礼物，献给我博士后出站后工作过的原国家计划委员会宏观经济研究院以及从1998年底至今一直就职的国务院发展研究中心的各位领导、著名的专家学者和志同道合的同志们，作为国家级高端智库机构，为我的科研工作提供了不受部门和地区利益影响的全方位跨学科的宽阔研究视野、可以按照自己的兴趣爱好自由独立选择研究课题的良好宽松研究环境和条件，以及鼓励不同意见广泛交往交流和深入平等和谐探讨的宽容研究氛围，这些都是本书能够得以顺利完成和出版的基本保障。最后，本人还要将这本书作为礼物献给我的家人，感谢他们的鼎力相助和支持。

本书的出版得到了中国发展出版社的各位领导和编辑的大力支持和辛苦的劳动，在此表示衷心感谢！需要指出的是，由于本人能力水平有限，书中难免存在许多不当之处，文字上也难免存在疏漏，敬请大家不吝赐教和批评指正。